»Bist du behindert, oder was?«

Kinder inklusiv stärken und ableismussensibel begleiten

familiar faces verlag

Autorinnen
REBECCA MASKOS
MAREICE KAISER

Illustration
SLINGA
MAX HILLERZEDER

»Bist du behindert, oder was?«

Kinder inklusiv stärken und ableismussensibel begleiten

familiar faces verlag

INHALTSVERZEICHNIS IN EINFACHER SPRACHE

BEVOR ES LOSGEHT

Die Kapitel bestehen aus Sachtexten von Rebecca, Mareice oder anderen Inklusionsexpert*innen.

Zu jedem schwierigen Text gibt es eine Zusammenfassung in Einfacher Sprache. Die Seiten mit den Zusammenfassungen haben einen rosa Rahmen und stehen am Anfang der Kapitel.

Die Zusammenfassungen in Einfacher Sprache stammen vom Projekt QuaBis. Mehr zu QuaBis erfahrt ihr hier.

Am Ende jedes Kapitels gibt es Porträts von Menschen, die ihre Erfahrungen teilen und erzählen, was sie wichtig finden, wenn es um Inklusion und den Umgang mit behinderten Menschen in der Gesellschaft geht.

Die Porträts sind in mündlichen Interviews entstanden und wurden dann aufgeschrieben. Dabei wurde der Wortlaut für ein besseres Verständnis manchmal verändert. In den Porträts wird gegendert, wenn die Person im Interview das auch getan hat.

Im restlichen Buch verwenden wir gendersensible Sprache und nutzen das Gendersternchen (*).

Schwierige Begriffe werden im Glossar erklärt. Im Text sind sie mit diesem Pfeil ↗ gekennzeichnet.

In der Bibliothek und hinter den QR-Codes findet ihr noch mehr Bücher, Artikel oder Videos über Ableismus, Inklusion und Behinderung.

→ Das Projekt QuaBIS hat ein klares Ziel: Es strebt danach, Hochschulen inklusiver zu gestalten und herkömmliche Lern- und Lehransätze kritisch zu hinterfragen. Wie wird das erreicht? Fünf Menschen mit Behinderungs- und Exklusionserfahrung haben sich dazu qualifiziert, als Bildungs- und Inklusionsreferent*innen aktiv an Veränderungsprozessen in Hochschulen mitzuwirken, indem sie Hochschullehre und -forschung mitgestalten und damit verändern.

Zuvor haben sie hauptsächlich in separierenden Einrichtungen, wie Werkstätten für behinderte Menschen gearbeitet. Heute sind sie nicht nur Wissensvermittler*innen, sondern auch Forscher*innen, Berater*innen und Aktivist*innen und bereichern das Hochschulumfeld mit einer Vielzahl von Themen, darunter Inklusion, barrierearme Kommunikation, Selbstbestimmung, Partizipation, Aspekte von Macht und Diskriminierung sowie Biografiearbeit in der Professionalisierung. Außerdem arbeiten sie daran, das Wissen aus der Hochschule auf eine dialogische, verständliche und kreative Art und Weise für die Gesellschaft aufzubereiten und anzubieten. Für die Zusammenfassungen in Einfacher Sprache in diesem Buch sind Anne Goldbach, So Mackert, Lucia Staib, Sebastian Wenzel, Beate Schlothauer und Nico Leonhardt von QuaBis verantwortlich.

ZUSAMMENFASSUNG IN EINFACHER SPRACHE

EINFACH MAL ANFANGEN?

Mareice Kaiser und Rebecca Maskos stellen sich vor:
Mareice ist Journalistin und Autorin.
Sie schreibt über Inklusion.
Rebecca ist Psychologin und Journalistin.
Sie ist Professorin an einer Hochschule.
Sie beschäftigt sich mit den Themen Behinderungen und Inklusion.
Rebecca sagt, dass ihre Behinderung Teil ihrer Persönlichkeit ist.

Mareice und Rebecca reden über ihre Gedanken zum Buch.
Rebecca erzählt, dass in unserer Gesellschaft viele Menschen behindert werden. Zum Beispiel durch Barrieren, Vorurteile und Diskriminierung.
Eine inklusive Gesellschaft soll für Kinder selbstverständlich sein.
Das geht nur, wenn wir alle gemeinsam lernen und teilhaben können.
Alle Menschen sind wertvoll und niemand darf diskriminiert werden.

Das Buch soll Erwachsene im Umgang
mit Kindern unterstützen.
Menschen mit Behinderungen sind
nicht alle gleich.
Deswegen kommen im Buch viele unterschiedliche
Menschen zu Wort.
Viele Menschen sollen das Buch lesen und
verstehen können.
Deshalb gibt es zu vielen Texten eine
Zusammenfassung in Einfacher Sprache.
Hinten im Buch werden schwierige Wörter
leicht erklärt.

Text in Schwerer Sprache → Seite 12

EINFACH MAL ANFANGEN?

REBECCA MASKOS UND MAREICE KAISER

Mareice Vor ein paar Tagen bin ich durch meinen Berliner Kiez gegangen, vor mir eine Gruppe Jugendlicher. Plötzlich sagte einer zum anderen: »Bist du behindert, oder was?« Zack, war der Titel dieses Buchs da. Und eigentlich wäre das doch auch eine ganz normale Frage, oder?

Rebecca Eigentlich ja. Für die meisten behinderten Menschen ist »behindert« ein neutraler Begriff. Er beschreibt, wie wir in der Welt sind: Wir werden behindert, durch Barrieren und Einstellungen, durch den Ableismus ↗, der unsere Gesellschaft prägt. Behinderung ist für uns aber auch einfach unsere Art zu leben, Teil unserer Identität — und kein »Schicksal«. Für Kinder und Jugendliche aber funktioniert der Begriff gut als Beleidigung — sie verbinden ihn mit Scham und Peinlichkeit, Abhängigkeit von anderen, Uncool-Sein, all das, was sie nicht sein wollen. Sie möchten ja zeigen, dass sie alles allein können. »Voll behindert« als Schimpfwort drückt auch den Status aus, den behinderte Menschen momentan in der Gesellschaft haben. Höchste Zeit, dass Kinder und Jugendliche mehr über Behinderung und Inklusion sprechen und die Erwachsenen in ihrer Umgebung verstehen, was eine ableistische Gesellschaft ist. Wenn wir eine wirklich inklusive Gesellschaft werden wollen, müssten wir dann nicht bei den Kindern anfangen? Sie müssten von Anfang an eine Idee davon bekommen, was Inklusion bedeutet. Sodass sie dieses Wort gar nicht mehr brauchen, weil es für sie selbstverständlich ist. Das geht nur, wenn sie gemeinsam den Alltag teilen, die Kita und die Schule. Und auch wenn das gut läuft, ist da drumherum immer noch die Gesellschaft mit ihren diskriminierenden Strukturen, in die sie Menschen presst. Deswegen müssen wir Kinder mit Vielfalt näher vertraut machen. Damit sie nicht selbst diskriminieren — und auch nicht diskriminiert werden. Und dafür braucht es sensibilisierte Erwachsene. Für mich ist dieses Buch aber auch eine Entlastung. Ich werde oft gefragt: »Wie spreche ich mit meinem Kind darüber, dass du anders aussiehst? Mein Kind hat so viele Fragen — warum du so klein bist, warum du

nicht laufen kannst und wie das im Rollstuhl ist. Wie soll ich ihm das alles erklären, wo ich doch so wenig über das Leben behinderter Menschen weiß?« Ich kann die Unsicherheiten der Eltern gut verstehen und möchte gerne gemeinsam mit anderen behinderten Menschen ein paar Antworten finden.

Mareice Ein Buch als Entlastung, ja, das ist gut. Ich wünsche mir, dass dieses Buch ein Begleiter sein kann für alle Menschen, die das Glück haben, Kinder zu begleiten: Eltern, Erziehende, Lehrpersonen, Tanten, Geschwister. Und ja, im besten Fall können es ein paar Menschen auch als Entlastung nutzen, müssen sich nicht den Mund fusselig reden, sondern können anderen Menschen das Buch in die Hand drücken und sagen: »Lies erst mal, dann reden wir weiter.« So ein Buch hätte ich mir auch gewünscht. Apropos: Wollen wir uns mal vorstellen und erzählen, aus welcher Perspektive wir dieses Buch schreiben?

Rebecca Ich bin Psychologin und habe in den letzten Jahren als wissenschaftliche Mitarbeiterin an Unis gearbeitet. Ich habe viel geforscht im Bereich Disability Studies ↗. Behinderung und Normalität werden dort aus unterschiedlichen Blickwinkeln analysiert, aufbauend auf dem Erfahrungswissen behinderter Menschen. Promoviert habe ich mit einer Arbeit über Ableismus

und den gesellschaftlichen Blick auf Behinderung und Rollstuhlnutzung. Ich bin seit meiner Geburt beeinträchtigt mit »Glasknochen«, bin kleinwüchsig und nutze einen Rollstuhl. Der Behindertenbewegung bin ich seit vielen Jahren verbunden und schreibe in meiner nebenberuflichen Arbeit als freie Journalistin oft über behindertenpolitische Themen. Dabei beziehe ich meine alltäglichen Erfahrungen mit Diskriminierung und der »nichtbehinderten« Gesellschaft mit ein. In meiner Kindheit war »Inklusion« noch ein Fremdwort. Selbstbewusstsein und Emanzipation mit Behinderung, das habe ich erst im Austausch mit anderen behinderten Jugendlichen und Erwachsenen bekommen. Ich wurde 1981 eingeschult in eine Regelschule. Meine Eltern hatten dafür lange gekämpft — damals war es Pflicht, dass behinderte Kinder auf eine Sonderschule gehen. Ich hatte einfach Glück, dass ich Eltern hatte, die sich für meine Bildung und Teilhabe einsetzen konnten.

Mareice Glück, ja, davon hängt in ungerechten Gesellschaften ja noch immer ab, wie unsere Lebenswege verlaufen. Ich arbeite als Journalistin und Autorin seit vielen Jahren zum Thema Inklusion und allen Themen, die damit zusammenhängen: Gleichberechtigung, Menschenrechte, Vereinbarkeit von Beruf und Familie, Teilhabe und Gerechtigkeit. Wichtig für dieses Buch ist auch, dass ich Mutter von zwei Kindern bin, mit und ohne Behinderung. Mein erstes Kind kam mehrfach behindert zur Welt, fast niemand hat uns zur Geburt gratuliert, alle waren verunsichert. An dieser Stelle könnte dieses Buch auch ein Entlastungsbuch sein, ich hätte es gern zur Geburt bekommen. Stattdessen habe ich Erfahrungen mit Krankenhäusern, medizinischem Personal, menschenfeindlicher Bürokratie, Therapien, häuslicher Pflege, Darmspülungen, Operationen, Tod und Trauer gemacht — mein erstes Kind ist im Alter von viereinhalb Jahren gestorben. In diesen fast fünf Jahren habe ich immer wieder feststellen müssen, wie sehr wir als Gesellschaft an ein Leben ohne Behinderung, ohne Krankheit, ohne Trauer glauben, ja sogar ohne Tod. Wir wollen das alles wegschieben — was es nicht einfacher macht, wenn wir es dann erleben. Ganz im Gegenteil. Weil diese Themen am Rand der Gesellschaft verhandelt werden, haben wir so viel Angst davor. Sie gehören aber in die Mitte der Gesellschaft. Na ja, und am Ende sollte es natürlich gar keine Ränder und eine Mitte geben, sondern ein gleichberechtigtes Miteinander von allen. Davon sind wir noch ein ganzes Stück entfernt und sicher wird auch dieses Buch nicht für Inklusion von heute auf morgen sorgen, obwohl ich dafür wäre. Was dieses Buch aber kann: Menschen sichtbar machen, die bisher noch viel zu oft unsichtbar sind. Perspektiven zeigen, die bisher unterrepräsentiert sind. Und vielleicht auch hier und da einen praktischen Tipp geben für Menschen, die Unsicherheiten haben. Am allerwichtigsten finde ich aber zu Beginn: Unsicherheit ist voll okay. Wie gut wäre es, wenn wir alle offener über unsere Unsicherheiten sprechen könnten?

REBECCA MASKOS

bewegt sich im Rollstuhl durch Berlin und ist sehr klein. Sie ist Teil der Behindertenbewegung, Professorin für Disability Studies an der Berliner Alice Salomon Hochschule und ehemalige Journalistin. Sie setzt sich ein für eine inklusive Gesellschaft und gegen Ableismus, für feministische Perspektiven auf Behinderung, kritisiert Medien und Bioethik. Man findet sie auf dem Sofa, im Kino und am Schreibtisch, beim Blumenpflanzen auf dem Balkon, auf Konzerten und Reisen. @RMaskos @crip.topia

Rebecca Ja, vor allem in unserer Kultur, in der der Druck hoch ist, immer alles richtig zu machen. Für den Umgang mit Behinderung gibt es aber kein Rezept. Ich werde oft gefragt, wie man denn richtig mit »uns« umgehen soll — aber ich kann nicht für alle behinderten Menschen sprechen. Wir sind keine einheitliche Gruppe, haben unterschiedliche Sichtweisen und Wünsche. Deshalb lassen wir in diesem Buch auch viele Menschen zu Wort kommen, die gemeinsam zur Reflexion über Behinderung anregen. Ich hätte als Kind mehr Erwachsene gebraucht, die einen sensibilisierten Umgang mit Behinderung haben. Für die Behinderung nicht vor allem ein medizinisches, behandlungsbedürftiges Problem ist oder sogar ein Anlass für Scham. Behinderte Kinder sind Teil einer diskriminierten Gruppe, der viele Barrieren

MAREICE KAISER

fährt gern Fahrrad und hört oft: »Du bist aber groß!« Sie scrollt, schreibt und spricht zu Gerechtigkeitsthemen in Berlin und im Internet. Als Journalistin setzt sie sich für einen Journalismus ein, der für alle, von allen und mit allen gemacht wird. Als Buchautorin beschäftigt sie sich mit der Frage, wie unsere Gesellschaft gerechter werden kann. Unterwegs ist sie meistens mit ihrem Kind und immer mit ihrem neurodivergenten Gehirn. Sie würde gern mehr singen und mehr dösen.
@mareicares

im Weg stehen, die aber vielleicht gerade deshalb viele Stärken entwickeln können – wenn Erwachsene dies aus unserem Buch mitnehmen, ist das schon ein großer Schritt.

Mareice Okay, also ich würde sagen, wir starten einfach mal, oder? Einfach loslegen, vielleicht könnte das ja auch eine inklusive Herangehensweise sein? Ganz so einfach ist es vermutlich nicht, aber ein Anfang. Und *einfach*, das ist ein wichtiges Wort für mich. Wir werden uns bemühen, dieses Buch so einfach wie möglich zu schreiben, damit es so viele Menschen wie möglich verstehen. Deshalb gibt es für eher schwierige Texte eine Zusammenfassung in Einfacher Sprache ↗. Schwierige Wörter erklären wir im Glossar. Und dann können wir beide ja schon direkt zu Beginn sagen, dass wir selbst auch nicht alles wissen.

Rebecca Ja, und wichtig finde ich auch, dass klar wird, dass es nicht nur eine Antwort gibt auf Fragen rund um Ableismus und Inklusion. Und es gibt auch nicht nur einen Weg.

Mareice Das ist ja so oft das Problem, dass Menschen denken, es gibt die eine Antwort, die eine Lösung und alle müssen es dann nur genauso machen und am Ende ist »Happy Life«. Aber so einfach ist es eben nicht. Genau deshalb sprechen und schreiben in diesem Buch nicht nur wir beide, sondern es kommen viele andere Menschen mit verschiedenen Perspektiven zu Wort.

In den Porträts wird dann auch sehr klar, wie viele verschiedene Antworten es gibt. In Expert*innen-Beiträgen gibt es konkrete Impulse für die praktische Umsetzung. Und obwohl es in diesem Buch so viel Wissen, so viele Erfahrungen und so viele Fragen und Antworten gibt, wird es noch immer nicht ausreichen, es fehlen weitere Perspektiven. Das ist für mich auch so eine Erkenntnis aus der Beschäftigung mit Inklusion: Es ist alles erst mal nur ein Anfang. Auch, weil Inklusion als Thema bisher absolut unterrepräsentiert ist. In Medien, auf dem Buchmarkt, überall. Es wird als Nischenthema behandelt, obwohl es uns alle angeht. Auch das hat mit Ableismus zu tun — dieses schwierige Wort erklären wir später im Buch. Und jetzt fangen wir einfach mal an.

1

DER GESELLSCHAFTLICHE BLICK AUF BEHINDERUNG

ZUSAMMENFASSUNG IN EINFACHER SPRACHE

1.1. Die Bedeutung von »behindert«

»Behindert« ist ein Wort, das wir manchmal hören.
Aber was bedeutet es eigentlich?
Es gibt verschiedene Sichtweisen auf Behinderung.

Manche Menschen sagen:
Die Behinderung liegt in der Person selbst.
Zum Beispiel, weil ihr Körper nicht so funktioniert wie bei anderen Menschen.
In der Fachsprache sagt man dazu:
Das ist das medizinische Modell der Behinderung.

Andere Menschen sagen:
Die Behinderung entsteht durch die Umwelt.
Die Umwelt ist nicht an die Bedürfnisse von behinderten Menschen angepasst.
Zum Beispiel, wenn es viele Treppen gibt, aber keine Rampe.
Dann ist das eine Barriere.
Dann werden Menschen im Rollstuhl behindert.
In der Fachsprache sagt man dazu:
Das ist das soziale Modell der Behinderung.

Viele Menschen haben Angst, das Wort
»behindert« zu benutzen.
Sie haben Angst, behinderte Menschen
zu beleidigen.
Aber:
»Behindert« drückt aus, dass Menschen durch
das Umfeld behindert werden.
Deshalb ist es eigentlich gut.
Alle müssen lernen:
»Behindert« soll nie als Schimpfwort benutzt
werden!

Text in Schwerer Sprache → Seite 23

1.2. Die Bedeutung von Inklusion

Inklusion bedeutet, dass es normal ist,
verschieden zu sein.
Alle Menschen mit unterschiedlichen Fähigkeiten
und Eigenschaften (zum Beispiel Herkunft oder
Hautschattierung) sind ein Teil der Gemeinschaft.

ZUSAMMENFASSUNG IN EINFACHER SPRACHE

Sie gehören überall selbstverständlich dazu,
zum Beispiel in der Schule oder bei der Arbeit.
Alle Menschen sollen die gleichen Rechte und
Chancen haben.
Dafür muss sich einiges verändern.
Aber das passiert in Deutschland nur sehr langsam.
Inklusion ist nicht das gleiche wie Integration.
Integration kann man sich so vorstellen:
Es gibt eine große Gruppe von Menschen.
In diese soll eine kleinere Gruppe hineinpassen.
Damit sie teilhaben können, müssen
sie sich anpassen.
Aber bei Inklusion geht es um die Frage:
Was braucht eine einzelne Person, um
teilhaben zu können?
Dadurch verändert sich auch der Blick auf
Behinderung:
Behindert ist man nicht, behindert wird man.
Das bedeutet, dass die Umwelt einen
einschränkt und behindert.
Damit alle inklusiv leben können, müssen
alle mitmachen.

Text in Schwerer Sprache → Seite 27

1.1. Was heißt eigentlich »behindert«?

REBECCA MASKOS

Wer ist eigentlich behindert? Ist man behindert, wenn man einen Schwerbehindertenausweis hat? Wenn man Hilfsmittel nutzt, einen Rollstuhl, einen Rollator oder einen Langstock? Oder wenn man chronisch krank ist oder eine psychische Beeinträchtigung hat? Behinderung ist ein breites Spektrum, und tatsächlich gelten weit mehr Menschen als behindert, als viele denken.

Behinderte Menschen bilden die größte Minderheit weltweit: Laut der Weltgesundheitsorganisation gibt es mehr als eine Milliarde behinderter Menschen auf der Welt, das sind rund 16 Prozent der Weltbevölkerung. In Deutschland sind es rund acht Millionen Menschen – ungefähr zehn Prozent der Bevölkerung. Rund zwei Drittel davon sind älter als 55 Jahre, nur etwa drei Prozent haben ihre Beeinträchtigung seit der Geburt. Die meisten Beeinträchtigungen sind nicht auf den ersten Blick sichtbar, wie zum Beispiel chronische Krankheiten, die erst im Laufe des Lebens auftreten.

»Ich kenne niemanden mit Behinderung«, sagen viele Menschen ohne Behinderung. Wenn aber jeder zehnte Mensch behindert ist, kann das nicht stimmen – Behinderungen werden oft einfach nicht wahrgenommen. Dazu kommt, dass viele behinderte Menschen in Wohneinrichtungen und Werkstätten leben und arbeiten; in Sonderwelten, die sie strukturell von nichtbehinderten Menschen fernhalten. Arbeitsplatz, Nachbarschaft und Freund*innenkreis sind oft nicht inklusiv. So entsteht auf Seiten nichtbehinderter Menschen kaum Wissen über Behinderung.

Wenn wir von »Behinderung« sprechen, meinen wir es im Sinne des Sozialen Modells der Behinderung. Das Soziale Modell entstand innerhalb der weltweiten Behindertenbewegung ab Ende der 1970er-Jahre und wurde in den Disability Studies ↗ ausgearbeitet.

Es grenzt sich ab vom traditionellen Blick auf Behinderung, dem medizinischen Modell. In ihm gilt Behinderung als biologische Natur-Tatsache: Eine Person gilt als behindert, weil ihr Körper oder ihr Geist als »krank« oder »nicht normal« gilt. Das medizinische Modell setzt Behinderung mit Beeinträchtigung gleich und schreibt die Verantwortung dafür behinderten Menschen selbst zu.

Das »Problem Behinderung« sollen die Betroffenen selbst lösen, medizinisch und pädagogisch, durch Therapie und Anpassung.

Dem stellt das Soziale Modell einen gesellschaftlichen Blick gegenüber: Behinderung entsteht durch Barrieren und Einstellungen. Das Neue am Sozialen Modell ist, dass es eine Unterscheidung zwischen Behinderung und Beeinträchtigung trifft. Beeinträchtigung bedeutet all das, was die Variabilität von Körper, Psyche und Geist ausmacht. Sie entsteht etwa durch Unfälle, Krankheiten oder psychische Krisen. Die Spannweite reicht von »harmlosen« Dingen wie einer Sehschwäche, die etwa zwei Drittel aller Menschen in Deutschland haben, Knieproblemen oder Bandscheibenvorfällen bis hin zur Querschnittslähmung, starken Sehbeeinträchtigungen oder Gehörlosigkeit.

Im Sinne des Sozialen Modells wird eine Beeinträchtigung erst dann zur Behinderung, wenn sie auf Barrieren trifft. Das heißt: Nicht der beeinträchtigte Körper an sich macht die Behinderung aus. Behinderung kommt zusätzlich zum beeinträchtigten Körper dazu, sie entsteht erst in Verbindung mit dem behindernden Umfeld. Barrieren sind vielfältig: Nicht nur Treppen und Kopfsteinpflaster zählen dazu. Barrieren können zum Beispiel auch fehlende Untertitel sein, fehlende visuelle Leitsysteme oder das Beharren auf Schwerer Sprache. Stehtische auf Veranstaltungen können eine Barriere sein, genauso wie die fehlende Bank auf einem Platz oder in einem Park.

Auch in die UN-Behindertenrechtskonvention (UN-BRK ↗) ist das Soziale Modell eingeflossen. Hier werden Menschen mit Behinderungen verstanden als »Menschen, die langfristige körperliche, seelische, geistige oder Sinnesbeeinträchtigungen haben, welche sie in Wechselwirkung mit verschiedenen Barrieren an der vollen, wirksamen und gleichberechtigten Teilhabe an der Gesellschaft hindern können« (Art. 1 UN-BRK).

Beeinträchtigungen kennen fast alle Menschen aus eigener Erfahrung. Spätestens im Alter sind wir alle beeinträchtigt. Nicht umsonst nennt die US-Behindertenbewegung nichtbehinderte Menschen »TABs« — *temporarily able bodied*, die »vorübergehend Nichtbehinderten«. Sind wir deshalb »alle ein bisschen behindert«, wie man oft hört? Nein. Höchstens könnte man sagen, »wir sind alle ein bisschen beeinträchtigt«. Einfach nur Brillenträger*in zu sein, macht eine*n noch nicht zu einem behinderten Menschen. Brillen sind halbwegs leicht zu bekommen, und sie sind sozial akzeptiert. Eine Brille ist heutzutage kein Stigma mehr. Eine Brille ist normal, ein Rollstuhl hingegen nicht. Er muss langwierig bei der Krankenkasse beantragt werden und gilt als *das* Symbol von Behinderung. Rollstuhlfahrer*innen treten nicht nur Barrieren in Gestalt von Treppen, Steigungen und Kopfsteinpflaster entgegen, sondern auch eine Menge klischeehafter Vorstellungen und Stereotypen, die alltägliche Begegnungen beeinflussen.

»Voll behindert!«, rufen Kinder, und manche Erwachsene auch. Andere schauen dabei peinlich berührt zu Boden. Als Schimpfwort funktioniert »behindert« bestens in einer Gesellschaft, die Behinderung mit Schwäche und Peinlichkeit assoziiert. Gerade Teenager, die erwachsen, cool und souverän sein wollen, beschämt es, mit der vermeintlich mangelnden Autonomie behinderter Menschen in Verbindung gebracht zu werden. Vielen Erwachsenen ist bewusst, dass »behindert« als abwertende Bezeichnung diskriminierend ist. Sie versuchen, das Wort von vornherein zu vermeiden. Die Angst ist groß, etwas falsch zu machen, durch das Wort »Behinderung« jemanden zu verletzen. Das ist schade, denn gerade die Begriffe »Behinderung« und »behindert« werden vom Großteil der *community* behinderter Menschen selbst genutzt und empfohlen.

Warum? Weil »behindert« gut zum Sozialen Modell der Behinderung passt. »Behinderter Mensch« wird genutzt, um die im Sozialen Modell mitgedachten Barrieren anzudeuten — ein behinderter Mensch wird behindert. Im Begriff »Mensch mit Behinderung« ist diese Orientierung am Sozialen Modell nicht mehr ganz so stark. Hier wird darauf hingewiesen, dass es zuallererst um Menschen geht — und nicht etwa vereinheitlichend um »die Behinderten«. Wir verwenden in diesem Buch beide Schreibweisen. Aus den gleichen Gründen unterscheidet die englischsprachige Behindertenbewegung zwischen »Identity First Language« (*disabled person/*behinderte Person) und »People First Language« (*person with a disability/*Person mit Behinderung).

Ziemlich *out* sind hingegen Begriffe, die Behinderung als rein körperlich darstellen und ihre Gesellschaftlichkeit wieder herausstreichen. Zum Beispiel die Gegenüberstellungen »die Kranken vs. die Gesunden« und »die Normalen vs. die Behinderten«. Oft wird versucht, einen beschönigenden Ersatzbegriff, einen Euphemismus für das mittlerweile negativ besetzte Wort »Behinderung« zu finden. »Beeinträchtigung« wird hier gerne genommen. Dass damit eigentlich nur die körperlich-geistige Seite von Behinderung in den Blick genommen und die gesellschaftlichen, strukturellen Barrieren ausgeklammert werden, ist vielen nicht bewusst. Auch »Handicap« ↗ ist so ein Euphemismus. Im Englischen mittlerweile kaum noch genutzt, ist es im Deutschen sehr beliebt, gerne auch in der Eindeutschung »gehandicapt«. Auch »dis/ablesiert«, »andersfähig« oder »andersbegabt« sind solche Neuschöpfungen, genauso wie »eingeschränkt« oder »körperlich herausgefordert«. Schräg ist auch die Formulierung »besondere Bedürfnisse«.

Haben wir nicht alle Bedürfnisse? Ab wann gelten diese als »besonders« und bis wohin sind sie noch »normal«? Belassen wir es bei »Behinderung« und sprechen wir mit Kindern darüber, warum das Wort »behindert« nicht als Schimpfwort benutzt werden sollte.

1.2. Was ist eigentlich Inklusion?

MAREICE KAISER

Der Begriff »Inklusion« kommt aus der Sprache Latein. Er bedeutet Einbeziehung, Einschluss und Zugehörigkeit — in der Schule, in der Freizeit, im Beruf, in den Medien, im ganzen Leben. Es geht um die Gesellschaft und um die Menschen, die in ihr leben. Also um uns alle. Und es geht um Menschenrechte. Der Begriff Inklusion geht auch zurück auf die Behindertenbewegung in den USA, die das Recht auf Teilhabe öffentlich einforderte. Zum ersten Mal genutzt wurde das Wort im Jahr 1994 in der Abschlusserklärung der UNESCO Weltkonferenz zu Gerechtigkeit in der Bildung.

Seit dem Jahr 2009 ist die UN-Behindertenrechtskonvention in Deutschland in Kraft. Seit dieser Menschrechts-Vereinbarung wird vor allem im Zusammenhang mit Behinderung von Inklusion gesprochen. Dabei meint Inklusion viel mehr. Neben einer Behinderung zählen zum

BIST DU BEHINDERT, ODER WAS?
NEIN, ICH WERDE BEHINDERT

Beispiel diese Eigenschaften von Menschen dazu: wen wir begehren (sexuelle Orientierung), wo wir herkommen (Herkunft), wie wir aussehen, welches Geschlecht wir haben, wie viel Geld wir haben (Klassismus ↗). Unterschiedliche Menschen haben unterschiedliche Merkmale. Unabhängig davon sollen alle Menschen die gleichen Rechte und Chancen haben. Bei Inklusion geht es um das selbstverständliche Zusammensein und die Teilhabe von Anfang an. Niemand soll ausgeschlossen werden.

Zum Beispiel in der Schule: Dort bedeutet Inklusion, dass alle Kinder gleichberechtigt lernen. Ihre Unterschiedlichkeit wird als Normalfall angesehen. Damit das funktionieren kann, müssen sich Strukturen verändern. Wie Unterricht aussieht, muss sich ändern. Das passiert in Deutschland nur sehr, sehr langsam. Im Herbst 2023 hat der UN-Fachausschuss zur Umsetzung der UN-Behindertenrechtskonvention scharfe Kritik an der deutschen Politik im Umgang mit Menschen mit Behinderung geäußert. Kritisiert wurden die separaten Strukturen in der Schule, der Arbeit und im Wohnen.

An einigen inklusiven Schulen funktioniert das gemeinsame Lernen schon gut. Dort lernen Kinder mit und ohne Behinderungen neben- und miteinander unterschiedliche Dinge. Mohammed lernt schwierige Rechnungen, Elsa lernt das Essen mit einem Löffel. Gleichzeitig lernen alle, dass menschliche Vielfalt ein Wert ist.

Behinderungen werden zu persönlichen Problemen gemacht, sind aber eigentlich gesellschaftlich. Behinderungen entstehen dadurch, dass es in unserer Umwelt (in Häusern, Straßen, in den Köpfen von Menschen) Barrieren gibt. Die Behinderung ist zum Beispiel nicht, dass eine Person gehörlos ist, sondern dass nicht alle öffentlichen Veranstaltungen in Gebärdensprache übersetzt werden. Die Verantwortung für die inklusive Gesellschaft liegt also nicht bei den einzelnen Menschen mit Behinderung, sondern bei uns allen.

Für alle Menschen, die nicht benachteiligt werden, bedeutet das: Sie müssen über Vorurteile, Benachteiligungen und Ausgrenzung nachdenken. Rebecca Maskos beschreibt das Leben in einer inklusiven Gesellschaft so: »Die inklusive Gesellschaft würde nicht mehr danach fragen, ob jemand behindert ist oder nicht. Nicht mehr einteilen in ›behindert‹ oder ›nicht behindert‹. Sondern Inklusion würde danach fragen: Welche Bedürfnisse hat eine Person?

Was braucht sie, um teilhaben zu können?« Inklusion ist ein Menschenrecht und gilt für uns alle. Es geht darum, dass wir alle dabei sein können, wenn wir das wollen.

Inklusion ist übrigens nicht das Gleiche wie Integration. Bei der Integration geht es darum, dass es eine Mehrheit gibt und eine Minderheit integriert werden soll. Bei der Integration gibt es eine dominante gesellschaftliche Norm. Wenn wir uns aber eine inklusive Gesellschaft vorstellen, gibt es keine gesellschaftliche Norm mehr. Dann ist Vielfalt die gesellschaftliche Norm, dann sind Unterschiede normal. Dann geht es nur darum: Was brauchst du? Und dann sucht man einen Weg, damit du bekommen kannst, was du brauchst.

Wichtig ist auch, dass Inklusion ein Prozess ist. Wir brauchen dafür neue Denkmuster, aber vor allem neue politische und bürokratische Strukturen. Wir können uns noch so sehr anstrengen, Menschen gleich zu behandeln; wenn die gesellschaftlichen Strukturen ausgrenzend sind, wird das nichts bringen. Deshalb ist es wichtig, dass Inklusion auch rechtlich und politisch umgesetzt wird.

*»Na, wie viele erfolgreiche Schauspieler*innen mit Behinderung kennst du?«*

Kübra Sekin

Ich bin Kübra — eine queere ↗, migrantische, behinderte, freischaffende Künstlerin aus Köln. Ich bin 33 Jahre alt und beschäftige mich in künstlerischen Kontexten mit dem gesellschaftlichen Zusammenwirken von den Marginalisierungen, die ich aufgezählt habe und damit, wie sie in der gesellschaftlichen Mitte ankommen können.

Ich war nie in einer Kita, weil ich die Zeit im Krankenhaus verbracht habe. Das war die Phase, in der ich diagnostiziert wurde. Wenn ich an den Beginn der Schulzeit denke, ist die Erinnerung sehr schön. Ich habe dort meinen ersten Rollstuhl bekommen. Bis zum sechsten Lebensjahr wurde ich im Kinderwagen geschoben oder von meinen Eltern durch die Welt getragen. Mit dem Rollstuhl konnte ich mich dann das erste Mal autonom und selbstbestimmt von A nach B bewegen. Das war ein sehr prägender Moment für mich.

Meinen Eltern wurde geraten, dass ich auf eine Förderschule gehen sollte, weil ich dort »sicherer« wäre. Sie hatten immer Angst, dass ich stürze und mir die Knochen breche. Witzig war, dass die Förderschule auf körperliche und motorische Entwicklung spezialisiert war, was teilweise sogar gefährlicher für mich war. Meine Eltern haben sich trotzdem dafür entschieden, weil die Hilfsmittelversorgung durch die Schule gewährleistet war und sie mit allem schon genug zu tun hatten. Meine Eltern kannten sich mit dem Gesundheitssystem in Deutschland gar nicht gut aus, sie hatten mit sprachlichen Barrieren zu kämpfen und mussten auch Rassismus ↗ erfahren. Ich war dann zehn Jahre auf einer Förderschule.

Als Kind fand ich das gut, weil ich in der Schule das erste Mal andere behinderte Kinder gesehen habe. In meiner Jugendzeit fand ich das dann gar nicht mehr so gut, weil ich gemerkt habe, dass ich in einer Sonderwelt lebe. Ich wollte gern auf eine Regelschule wechseln, aber mein Klassenlehrer hat sich quergestellt. Er meinte, ich würde das mit meinen Leistungen nicht schaffen. Ich bin mir zu 1000 Prozent sicher, dass ich es geschafft hätte. Kevin aus meiner Klasse wollte auch auf die Regelschule und ihm hat er gesagt: »Klar, das schaffst du.« Rückblickend denke ich, dass er auf jeden Fall rassistische Vorurteile hatte und mich deshalb eher zurückgehalten hat, statt mich zu fördern.

In Sonderwelten groß zu werden hat meinen internalisierten Ableismus ↗ verstärkt. Es hat mehr zur Angst beigetragen, in der Regel-Welt vorzukommen. Ich habe auch immer wieder das Gefühl, dass ich mich tausendfach mehr beweisen muss als andere. Ich habe ein stark ausgeprägtes Hochstapler*innen-Syndrom und bin davon überzeugt, dass das auch aus meiner Zeit in dieser Sonderwelt resultiert.

Ich war in der Theater AG und habe meinen Lehrer in der Abschlussklasse gefragt, wie er meine Chancen sieht, Schauspielerin zu werden. Er fragte dann: »Na, wie viele erfolgreiche Schauspieler*innen mit Behinderung kennst du denn?« Er wollte mich vermutlich nur beschützen, aber er hat damit dafür gesorgt, dass ich den stupiden Weg gegangen bin, der in Deutschland für behinderte Menschen vorgesehen ist. Ich habe eine bürokaufmännische Ausbildung gemacht, sogar in einem Berufsbildungswerk, weil ich dachte, dass ich auf dem ersten Arbeitsmarkt keine Chancen hätte. Ich hätte mir gewünscht, dass er sagt: »Komm, wir recherchieren mal, welche inklusiven Schauspielschulen es gibt.«

Das habe ich dann selbst gemacht und eine einzige Schauspielschule gefunden, die sich selbst als inklusiv bezeichnet hat. Das war eine Privatschule, die ich mir nicht hätte leisten können. Deshalb habe ich die Ausbildung gemacht und dann mein Fachabitur. Alles in einer weiteren Sonderwelt. Bis eine Freundin sagte, sie wolle Kinder- und Jugendpsychotherapeutin werden. Dann habe ich mich an sie drangehängt und wir sind studieren gegangen. Diese Hochschule war die erste Einrichtung für mich mit nichtbehinderten Menschen. Das hat so viel mit mir gemacht. Zum Beispiel habe ich vorher ein Kopftuch getragen, das habe ich dann abgelegt. Ich dachte mir, ich falle schon mit meiner Behinderung so auf, da kann ich mir nicht leisten, zusätzlich noch ein Kopftuch zu tragen. Da hat dann mein internalisierter Ableismus krass gekickt: »Ich bin eigentlich gar nicht behindert, mein Rollstuhl ist unsichtbar.« Ich habe alles in Bewegung gesetzt, um den Professor*innen und Kommiliton*innen zu zeigen, dass ich intelligent genug bin, um da zu sein, und nicht nur wegen meines Härtefallantrags.

Vor dem Studium habe ich ein dreimonatiges Praktikum gemacht, das war Voraussetzung. Das habe ich bei der Inklusionsberatungsstelle der Uni Bochum gemacht. Dort habe ich eine Psychologin mit Behinderung kennengelernt, die in ihrer Freizeit performativ gearbeitet hat. Sie hat mich in das Performance-Kollektiv mitgenommen und ich bin als festes Mitglied des Performance-Kollektivs gestartet. Dadurch hat sich eine Arbeit in Hagen auf der Jungen Bühne ergeben. Ich habe das erst nur gemacht, um mein Studium zu finanzieren. Dann kam die Moderation noch hinzu. Meine künstlerische Arbeit hat mein Studium finanziert, wurde dann aber so groß, dass ich nicht mehr studieren konnte. Deshalb habe ich das Studium abgebrochen und bin seitdem Schauspielerin.

Ich fordere eine inklusive Beschulung, und dass Eltern vollumfänglich beraten werden, was möglich ist. Dass auf die UN-Behindertenrechtskonvention hingewiesen wird, und dass jedes Kind ein Recht auf inklusive Beschulung hat. Ich wünsche mir, dass Menschen sich trauen, Schritte zu gehen, statt direkt zu sagen: »Das geht nicht.« Mir ist klar, dass manche Kinder viel Pflegebedarf haben und sich deren Eltern von Förderschulen entlastet fühlen. An Regelschulen muss es deshalb ähnliche Konzepte geben, sodass die Kinder und Eltern nicht darunter leiden.

Die Schulformen, die jetzt existieren, in denen jetzt schon nichtbehinderte Kinder durchrasseln, sind natürlich auch keine gute Form für behinderte Kinder. Jedes Kind soll die Förderung bekommen, die es benötigt. Ich wünsche mir, dass man mehr an uns glaubt. Dass man Perspektiven schafft und nicht sagt: »Den Weg gibt es noch nicht und deshalb kannst du den nicht gehen.«

»Schade, dass wir jetzt nicht mehr zusammen spielen können, weil du kannst ja jetzt nicht mehr gucken«

Heiko Kunert

Ich bin Heiko, 1976 geboren. Hauptberuflich bin ich Geschäftsführer des Blinden- und Sehbehindertenvereins hier in meiner Stadt und ehrenamtlich Vorstandsmitglied der Landesarbeitsgemeinschaft für behinderte Menschen. Ich selbst bin vollständig blind. Ich bin verheiratet, wir haben zwei Katzen und ich bin sehr glücklich, wenn ich reise, lese, in der Natur und am Meer sein kann. Ich schreibe gerne und habe einen Blog. In letzter Zeit komme ich aber nicht mehr so richtig dazu.

Vor meiner Erblindung habe ich ganz normal gesehen und war regulär im Kindergarten. Kurz vor der Einschulung war absehbar, dass ich erblinden werde. Ich bin dann mit sieben, kurz nach der Erblindung, eingeschult worden, in die Schule für blinde und sehbehinderte Kinder. Es war damals einfach selbstverständlich, dass man mit Behinderung auf eine Sonderschule kommt. Eigentlich hätte ich ins Internat gemusst, konnte dann aber doch zu Hause wohnen bleiben und pendeln. Darüber war ich froh — es bedeutete aber auch, dass ich jeden Tag von meinem Wohnort aus mit dem Schulbus zur Schule fahren musste. Morgens um sechs wurde ich abgeholt und war um halb vier Uhr nachmittags wieder zu Hause.

Ich war vorher ein sehr aktives Kind, habe viel getobt mit anderen Kindern. Mit sieben gab es den kompletten Bruch. Mein sehender Freundeskreis wollte nichts mehr mit mir zu tun haben. Es gab ein Gespräch, als ein Nachbarsjunge mich nochmal besuchen kam nach der Erblindung. Der hat sowas gesagt wie: »Schade, dass wir jetzt nicht mehr zusammen spielen können, weil du kannst ja jetzt nicht mehr gucken.« Obwohl sich die Eltern in meiner dörflichen

Nachbarschaft alle kannten, hat niemand überlegt, wie es denn mit den Freundschaften von uns Kindern weitergehen könnte. Die ganze Grundschulzeit hindurch hatte ich nur noch blinde und sehbehinderte Freunde, die ich durch die Schule kennengelernt habe. Dass ich völlig in dieser Sonderwelt aufgegangen bin, sehe ich rückblickend kritisch. Auch wenn ich dort eine Menge gelernt habe, vielleicht sogar mehr als heute inklusiv beschulte blinde Kinder, zum Beispiel die Blindenschrift. Aber es entspricht überhaupt nicht meiner Vorstellung von Kindheit, für den Schulweg jeden Tag vier Stunden im Bus zu sitzen. Damals hab ich das alles nicht hinterfragt, und die Erwachsenen auch nicht — da gab es keinen, der sich mit Autoritäten auseinandergesetzt hätte, damit ich inklusiv aufwachse. Heute würde man auch die Selbstständigkeit von Kindern mehr ermöglichen. Heute laufen schon vierjährige blinde Kinder mit 'nem kleinen Blindenstock durch die Gegend. Mir wurde das erst in der vierten Klasse beigebracht.

In der sechsten Klasse bin ich dann doch ins Internat gezogen. Ich kam auf ein Gymnasium, das eine Kooperation mit der Blinden- und Sehbehindertenschule hatte. Ein Integrationskonzept also, aber dennoch waren »wir Blinden« oft noch im Abseits. Es gab einzelne blinde Schüler*innen, die haben ihre Pausen nie mit den sehenden Schüler*innen verbracht. Manche sehende Schüler*innen haben sich auch geweigert, uns zu führen. Ich kann mich nicht erinnern, dass das Lehrer*innen kritisch zum Thema gemacht hätten. Eher im Gegenteil. Zum Beispiel hat ein Lehrer mich mal gelobt, dass ich im Gegensatz zu einem anderen blinden Schüler immer so gut angezogen sei. Unfassbar eigentlich.

Es gab auch so eine Gruppendynamik, so einen Druck, sich zu integrieren. Ich hatte selbst manchmal das Gefühl, ich muss mich von den blinden Schüler*innen abgrenzen. Ich hab angefangen, das »Spiel« der sehenden Mitschüler*innen mitzuspielen, hab mich auf die Mehrheitsseite begeben und mich selbst über andere blinde Schüler*innen lustig gemacht. Das finde ich rückblickend ganz furchtbar. Das war zum Glück nur eine kurze Phase. Ich habe viel Zeit mit anderen blinden Schüler*innen

verbracht, in einem gemeinsamen Freundeskreis mit Sehenden. Der hat mich sehr geprägt und hält bis heute. Wir waren alle ein bisschen »Außenseiter«. Der Computer-Nerd, der Christ, dazwischen der Blinde, eine wilde Mischung an Leuten. Wir haben uns alle da gefunden und verbündet gegen den Rest.

Es gab natürlich auch total engagierte Lehrer*innen, die sich selbst Blindenschrift beigebracht haben oder die ganze Palette an Hilfsmitteln für blinde Menschen genutzt haben. Aus meiner Sicht ist wichtig, dass der inklusive Unterricht so gestaltet ist, dass blinde Kinder wirklich mitarbeiten können. Die behinderungsspezifischen Dinge müssen weiter ihren Platz haben, zum Beispiel Blindenschrift. Viele junge sehbehinderte Erwachsene lernen das heute nicht mehr richtig. Und es muss jenseits des Unterrichts ein selbstverständliches Miteinander geben. Meistens machen Kinder das von ganz allein. Aber wenn nicht, dann muss es ein Setting geben, das das fördert. Zu einem professionellen inklusiven Lehrerjob würde für mich gehören, dass Lehrer*innen nicht sagen: »Wenn dich keiner führen will, dann führe ich dich halt«, sondern dass man die unterschiedlichen Bedürfnisse in der Klassengemeinschaft zumindest zum Thema macht. Oder auch, dass man eine Antenne dafür hat, wenn die behinderten Schüler*innen ausgeschlossen werden oder sie sich zu sehr separieren.

Wir brauchen ein inklusives Schulsystem mit ausreichend Ressourcen für alle, sodass sehbehinderte Kinder schon früh in ihrer Selbstbestimmung gefördert werden und lernen können, sich allein zu orientieren. Gleichzeitig braucht es geschützte Räume für *»peer groups«* behinderter Kinder; Orte, an denen sie nicht allein sind mit ihrer Behinderung. Sie brauchen Erwachsene, die neben ihrer Selbstständigkeit auch ihre Grenzen akzeptieren. Die nicht etwa in einen übersteigerten sportlichen Ehrgeiz verfallen, dass sehbehinderte Kinder das Gleiche können müssen wie die sehenden Kinder. Das ist manchmal ein schwieriger Spagat zwischen Sicherheit und Selbstständigkeit. In einer inklusiven Welt braucht es eine besondere Sensibilität der Erwachsenen, die dafür werben, dass sehbehinderte und blinde Kinder mit dem akzeptiert werden, was sie brauchen.

Das können sie auch im alltäglichen Gespräch mit ihren sehenden Kindern tun. In meiner Nachbarschaft zum Beispiel, da sind viele

Kinder. Die reagieren auf mich, stellen ihren Eltern Fragen: »Warum hat der Mann eine dunkle Brille auf? Warum hat der einen Stock?« Die Eltern sagen dann oft: »Der Mann kann schlecht sehen, der fühlt seinen Weg mit dem Stock.« Das kommt ja der Wahrheit nahe, das finde ich gut. Es gibt aber auch heute noch Eltern, die sagen: »Nicht so laut, ich erkläre dir das später.« Ich finde das komisch — Blindheit und Sehbehinderung sollten auf keinen Fall tabuisiert werden. Manche Eltern ermuntern ihre Kinder auch, mich zu fragen. Die Gespräche mit den Kindern sind super. Ich mache das sehr gerne — aber auch nicht jeden Tag und an jedem Ort. Es ist gut, wenn Kinder sehbehinderten Erwachsenen begegnen können. Noch besser wäre es aber, sie kommen früh in einen Austausch mit sehbehinderten und blinden Kindern: in der Schule, in der Kita, beim Kindergeburtstag.

»Ich wurde auf einen Sockel gestellt« Katrin Aimee

Ich bin Katrin, bin 32 Jahre alt und arbeite als Koordinatorin für Projekte zu Inklusion. Außerdem bin aktivistisch unterwegs, vor allem auf Instagram. Meine Zeit verbringe ich gern mit intersektionalem Feminismus ↗ und mit Büchern in schönen Cafés.

Meine Kita war die bei uns im Ort. Meine Eltern haben sich dazu entschieden, obwohl sie viele Bauchschmerzen hatten, mich als schwerhöriges Kind in diese Kita zu geben. Im Morgenkreis war ich immer die, die neben der Erzieherin saß, damit ich alles verstehen konnte. Ich war damit das einzige Kind, das im Morgenkreis einen festen Platz hatte. Das kam mir damals ganz normal vor.

Auch meine Grundschule war eine Regelschule. Die ersten Schuljahre waren okay. Wegen meiner Schwerhörigkeit hatte meine Lehrerin ein Mikrofon, das mit meinen Hörgeräten verbunden wurde. Das hat gut funktioniert. Schwieriger wurde es, als wir Kinder älter wurden und sich bei den anderen Vorurteile etablierten. Auf mich wurde immer achtgegeben, ich war eine gute Schülerin und dann wurde ich immer besonders gelobt. Ich wurde auf einen Sockel gestellt, das war ein großes Problem in den letzten Grundschuljahren und führte zu Problemen zwischen den anderen Kindern und mir. In den Pausen war ich oft allein, weil ich da keine Hörunterstützung hatte und damit auch nicht alles verstanden habe. Es war eine Mischung aus Mitleid und Ableismus ↗. Die anderen Kinder merkten, dass sie manchmal was für mich wiederholen mussten, das hat sie genervt. Ich bin oft mit Kopfschmerzen nach Hause gegangen, weil mir alles zu viel war.

Auf dem Gymnasium, einem normalen Regelgymnasium, war es auch schwierig. Es wurde dort zwar weniger auf mich achtgegeben, die Klasse war größer, ich war älter und habe mich zurückgehalten. Aber auch dort wurde mir vermittelt, es sei so toll, dass ich trotz meiner Behinderung alles so toll meistere – der klassische *inspiration porn* ↗. In der sechsten Klasse wurde ich dann auch viel ausgeschlossen, sodass ich in der siebten Klasse nicht mehr zur Schule gegangen bin. Zu der Zeit habe ich dann eine soziale Phobie entwickelt. Auch mit Polizei wurde uns damals gedroht. Es war furchtbar. Aber meine Mutter hat sich sehr für mich eingesetzt.

Ich habe dann nochmal die Schule gewechselt, wieder auf eine Regelschule, denn ich hatte internalisierten Ableismus ↗. Ich hätte es absolut uncool gefunden auf eine Schule für Hörbehinderte zu gehen. Ich habe in verschiedenen Schulen hospitiert. An einer Schule war ein schwerhöriges Mädchen und ich wollte auf keinen Fall auf diese Schule gehen. Auf der neuen Schule habe ich mich dann weder im Unterricht noch sonst irgendwie beteiligt. Ich wollte auf keinen Fall auffallen. Es hat wirklich lange gedauert, bis ich Freundschaften schließen konnte. Es war schwer für mich, zur Schule zu gehen. Zum Schluss war es leichter, ich habe dann das Abitur gemacht. Aber den Ableismus, den ich dort erlebt habe, habe ich lange nicht überwunden.

Nach der Schule habe ich dann Psychologie studiert. An der Uni zu sein war ein besseres Erlebnis. Alles war sehr anonym, ich musste niemandem Rechenschaft ablegen und es gab mehr Leute mit Behinderungen. Auch dort habe ich Ableismus erlebt, zum Beispiel in einem Praktikum oder als ein Professor mir keinen Nachteilsausgleich ↗ bei einer mündlichen Prüfung ermöglichen wollte. Bei mir scheiterte es wirklich an den Barrieren in den Köpfen.

Was ich mir wünsche? Schüler*innen mit Behinderung sollten nicht als Sonderfälle gesehen werden. Sie sollten nicht ausgestellt werden. Behinderung muss normalisiert werden. Allen Kindern muss die Möglichkeit gegeben werden, herauszufinden, was sie brauchen. Außerdem sollten sich alle mit internalisierter Behindertenfeindlichkeit auseinandersetzen — Menschen mit und ohne Behinderung. Inklusion muss selbstverständlich werden.

2

ABLEISMUS VERSTEHEN UND BEKÄMPFEN

ZUSAMMENFASSUNG IN EINFACHER SPRACHE

2.1. Die Bedeutung von Ableismus

Ableismus ist ein schweres Wort.
Viele haben früher Behindertenfeindlichkeit gesagt.
Das Wort ist ab dem Jahr 1980 durch die Behindertenbewegung entstanden.
Es beschreibt diskriminierendes Verhalten und einen negativen Blick auf behinderte Menschen.
Dabei geht es nicht um einzelne Personen, sondern um Machtunterschiede in unserer Gesellschaft.
Zum Beispiel geht es um die Frage: Wer entscheidet, was normal ist und was nicht?
Behinderte Menschen können oft solche hohen Erwartungen der Gesellschaft nicht erfüllen und werden ausgegrenzt.
Ableismus zeigt sich meist unbewusst, zum Beispiel beim Sprechen oder in unserem Verhalten.
Behinderung wird meistens negativ gesehen.
Dadurch entstehen Vorurteile über behinderte Menschen.
Ihnen wird zum Beispiel wenig zugetraut.
Oder sie werden bewundert, weil sie etwas können, das man nicht von ihnen erwartet.

Diese Erwartungen werden oft auch von behinderten Menschen verinnerlicht.
Das bedeutet, dass sich zum Beispiel behinderte Menschen bestimmte Dinge nicht zutrauen.
Oder sie denken, sie sind eine Last.
Für behinderte Menschen gibt es in der Gesellschaft auch viele Sonderwelten, wie zum Beispiel Sonderschulen.
Dadurch sind sie im Alltag oft nicht sichtbar.
Das stärkt Ableismus, weil behinderte Menschen deshalb meist nicht mitgedacht werden.

Text in Schwerer Sprache → Seite 49

2.2. Beständigkeit von Ableismus und der Protest dagegen

Ableismus und Ausgrenzung gibt es schon sehr lange in der Geschichte.
Die Vorstellung von Behinderung hat sich über lange Zeit hinweg sehr verändert.
Früher hat man zum Beispiel gedacht, Behinderung ist eine Strafe für Menschen.

ZUSAMMENFASSUNG IN EINFACHER SPRACHE

Oder man war der Meinung, dass Behinderung eine
Krankheit ist, die man heilen kann.
Später wollte man die Gesellschaft vor Behinderung
schützen, weil Menschen mit Behinderung als eine
Belastung angesehen wurden.
Deshalb wurden in der Zeit des Nationalsozialismus
viele Menschen mit Behinderung getötet.
Nach dem Zweiten Weltkrieg wollte man, dass so
etwas nie wieder passiert.
Die Rechte von Menschen sollten besser
geschützt sein.
Deshalb hat man die Menschenrechte entwickelt.
Aber dabei wurden behinderte Menschen zu wenig
mitgedacht.
Es entstand später die Behindertenbewegung.
Erst in den 1960er Jahren in den USA und in
Großbritannien.
In den 1980er Jahren auch in Deutschland.
Behinderte Menschen haben sich
zusammengeschlossen.
Sie wollten für ihre Rechte kämpfen.
Diese Bewegung ist sehr groß geworden.
Die Behindertenbewegung hat sich für
die Rechte von behinderten Menschen eingesetzt

und hatte auch großen Einfluss auf
die Entwicklung von Inklusion.

Text in Schwerer Sprache → Seite 54

2.4. Diagnostik vor der Geburt

In unserer Gesellschaft denken manche Menschen:
»Ein Kind mit Behinderung muss doch nicht sein.
Da kann man doch was machen.«
Damit meint man oft, dass behinderte Kinder
weniger wert sind als andere.
Oder dass man ein behindertes Kind abtreiben soll.
Noch während das Kind im Bauch ist, kann
man teilweise herausfinden, ob das Kind eine
Behinderung hat.
Dafür gibt es Untersuchungen, die nennt man
Pränataldiagnostik.
Oft haben schwangere Menschen das Gefühl,
solche Untersuchungen machen zu müssen.
Viele Menschen denken, dass es nur wichtig ist,
dass ein Kind keine Behinderung hat.

ZUSAMMENFASSUNG IN EINFACHER SPRACHE

Weil sie Angst haben, dass es dem Kind
nicht gut geht.
Viele Menschen entscheiden dann,
das Kind abzutreiben.
Aber oft sind es auch Vorurteile und schwierige Umstände, die es schwer machen, ein behindertes Kind großzuziehen.

Es ist wichtig, dass Schwangere selbst entscheiden können, ob sie ein Kind bekommen wollen.
Die Vorurteile und schwierigen Umstände sollen nicht die Entscheidung beeinflussen.
Damit das klappt, müssen die Kinder und die Eltern genügend Unterstützung bekommen.

Text in Schwerer Sprache → Seite 62

2.5. Ableismus in der Familie

Bárbara Zimmermann ist Mutter von drei Kindern.
Sie schreibt in dem Text über ihre Erfahrungen mit ihrer behinderten Tochter.

Vor der Geburt ihrer Tochter hatte sie nie eine Beziehung zu behinderten Menschen.
Sie hat gelernt, dass es auch in der Beziehung zwischen Eltern und Kind Ableismus geben kann.
Ihr ist es wichtig, dass man offen und ohne Schuld darüber sprechen kann.

Eltern von behinderten Kindern müssen viel und immer wieder für Inklusion kämpfen.
Das kann sehr ermüdend und frustrierend sein.
Es kann passieren, dass man die eigenen Kinder deshalb vor Barrieren beschützen will.
Vielleicht traut man seinen Kindern manchmal zu wenig zu oder erledigt Dinge für sie, weil es schneller geht.
Obwohl die Kinder es auch selber könnten.

Bárbara Zimmermann sagt, es ist wichtig, sich selbst kritische Fragen zu stellen.
Zum Beispiel: Wo ist mein Verhalten gegenüber meinem Kind ableistisch?
Es gibt keine perfekte Regel für eine gute Beziehung mit seinem Kind.

ZUSAMMENFASSUNG IN EINFACHER SPRACHE

Aber man kann sich mit anderen austauschen
und vernetzen.
Man kann sich immer wieder fragen: Was kann ich
gegen Ableismus tun?
Oder wie kann ich mein Kind bei dem unterstützen,
was es möchte und kann?

Text in Schwerer Sprache → Seite 67

2.1. Was bedeutet Ableismus?

REBECCA MASKOS

Das Wort Ableismus ist vielen Menschen noch neu. Früher hat man meistens Behindertenfeindlichkeit gesagt. In der Alltagssprache bezeichnet Ableismus diskriminierende und ausgrenzende Handlungen, Einstellungen und Ressentiments gegenüber behinderten Menschen. Wie alle »-ismen« reicht Ableismus jedoch weiter als das. Ähnlich wie etwa Sexismus ↗ und Rassismus ↗ meint Ableismus ein Machtverhältnis, das tief in unserer Gesellschaft verankert ist. Ableismus ist nicht nur eine unfreundliche Haltung, die man durch ein wenig Aufklärung abstreifen könnte. Ableismus ist ein System nichtbehinderter Normalität, das wir alle verinnerlicht haben. Seiner Wirkung sind wir uns oft nicht bewusst.

Ableismus ist die deutsche Variante des englischen Begriffs *ableism*. In den frühen 1980er-Jahren entstand der Begriff in der amerikanischen Behindertenbewegung als Bezeichnung für Denk- und Handlungsmuster, die Menschen auf ihre Behinderung reduzieren oder die sie an einem nichtbehinderten Maßstab messen. Dabei geht es um normierte Leistungs- und Arbeitsfähigkeit und um Unabhängigkeit von anderen. Nichtbehinderung und Normalität werden im ableistischen Denken und Handeln grundsätzlich erwartet, von allen. Das heißt zum Beispiel: Alle sollen alles allein können. Oder: immer nützlich, fähig und arbeitsbereit sein. Für behinderte Menschen hat dies oft ausgrenzende, diskriminierende Konsequenzen.

Ableistische Diskriminierung finden wir auf verschiedenen Ebenen. Da ist zunächst die zwischenmenschliche Ebene der Sprache und des Umgangs miteinander. Dort zeigt sich Ableismus zum Beispiel in mitleidigen Kommentaren, in denen behinderte Menschen als Opfer erscheinen. Zum Beispiel: »Ein behindertes Kind haben — ich könnte das ja nicht!« Oder: »So ein schweres Schicksal!« Oder in der Bewunderung für Alltägliches, die behinderte Menschen zu unfreiwilligen Held*innen macht: »Mensch, toll, dass du rausgehst!«, »Super, jemanden wie dich auf einer Party zu treffen!«, »Bewundernswert, wie du dein Leben meisterst!«. In beiden Varianten wird unterstellt, dass ein Leben mit Behinderung grundsätzlich leidvoll und deprimierend ist. Ableistisches Denken spricht behinderten Menschen außerdem viele Kompetenzen ab. Gerade auch behinderten Kindern wird wenig zugetraut und nicht ausgelotet, was vielleicht doch möglich ist. Auch die Bevormundung behinderter Menschen ist ableistisch, zum Beispiel wenn eine (nichtbehinderte) Begleitperson als »zuständig« für die behinderte Person angesehen wird und immer für sie sprechen soll. Unangekündigtes Helfen ohne zu fragen gehört auch dazu. Das Anstarren einer behinderten Person oder Fotos zu machen, ohne vorher zu fragen, macht sie zu »Anderen«, genauso wie das andere Extrem: die behinderte Person zu ignorieren, so zu tun, als sei sie nicht da, und über ihren Kopf hinweg zu sprechen. All dies ist Teil des Alltags behinderter Menschen, und oft sagen sie, dass der diskriminierende Umgang mit ihnen sie mehr »behindert« als ihre Beeinträchtigung selbst.

Dabei sind ableistische Denkmuster nicht nur von nichtbehinderten Menschen verinnerlicht. Wir alle, Menschen mit und ohne Behinderung, verinnerlichen Ableismus von klein auf: Wir denken und fühlen ableistisch, ohne es zu merken — weil unsere Umwelt es uns schon früh nahelegt. Sätze wie »Was uns nicht umbringt, macht uns härter« oder »In einem gesunden Körper wohnt ein gesunder Geist«

haben viele Menschen im Kopf. Für die meisten von uns ist nur ein nichtbehinderter, normschöner und funktionierender Körper akzeptabel, bei uns selbst oder auch in unseren Liebesbeziehungen. Behinderte Menschen wenden Ableismus zum Teil gegen sich selbst, vermuten, eine Belastung für andere zu sein, keine Ansprüche stellen zu dürfen oder unangenehm aufzufallen. Auch viele behinderte Kinder reagieren auf Ableismus. Manche sind besonders fröhlich oder brav — das kann eine unbewusste Strategie sein, um erwachsene Bezugspersonen von Sorgen zu entlasten und mit der gegenseitigen Abhängigkeit umzugehen. Andere machen ableistische Ausgrenzungen und Überforderungen frustriert und wütend.

Das alltägliche ableistische Denken und Handeln hat seine Wurzel in einer ableistischen Gesellschaft. Einige Beispiele dafür, wie dieser strukturelle Ableismus behinderte Menschen ausblendet: Architektur und Verkehrsmittel werden oft nicht barrierefrei gestaltet. Manche Denkmalschutzregeln verhindern den Einbau von Fahrstühlen oder Rampen. Aus Brandschutzgründen werden Rollstuhlfahrer*innen mitunter in Theater- und Kinosäle nicht hineingelassen. Statt spontan in den Zug zu steigen, müssen sich behinderte Reisende in Deutschland 24 Stunden vorher bei der Deutschen Bahn anmelden. Selbst dann klappt die Reise oft nicht, weil Personal fehlt. Dienstleistungen oder Bildung werden behinderten Menschen immer wieder versagt, mit der Begründung, man sei »für diesen speziellen Fall nicht ausgebildet« oder »nicht versichert«. Bei Bewerbungen um einen Job gehen viele Personaler*innen automatisch davon aus, dass behinderte Kandidat*innen öfter krank sind, den Ablauf im Team durcheinanderbringen oder den Aufgaben nicht gewachsen sind.

In einer strukturell ableistischen Gesellschaft hält eine gut ausgebaute Infrastruktur an Förderschulen, Werkstätten und Wohneinrichtungen behinderte Menschen aus dem nichtbehinderten Leben fern — auch wenn diese immer behaupten, dass sie zur Inklusion beitragen würden. Von der Förderschule wechseln rund zwei Drittel der Schüler*innen nach der Schule in die Werkstatt — und von dieser schaffen es nur rund ein Prozent auf den ersten Arbeitsmarkt. Ein Stundenlohn von durchschnittlich 1,35 € bedeutet, dass Beschäftigte der Werkstätten von Armut betroffen sind. Behinderte Menschen sind oft abhängig von nichtbehinderten Betreuer*innen oder ihrer Familie.

WAS FÜR EIN TOLLES ERLEBNIS FÜR UNS ALLE!

Das trägt dazu bei, dass sie häufiger Gewalt erleben als nichtbehinderte. Zur Situation von behinderten Frauen und Mädchen gibt es Studien: Sie erleben zwei- bis dreimal häufiger Gewalt als nichtbehinderte.

In den Medien ist Gewalt gegen behinderte Menschen kaum Thema, und wenn, wird statt Empörung auch Verständnis dafür geäußert, zum Beispiel für überlastete Betreuungspersonen. Medienschaffende setzen Behinderung vielfach mit einem Leiden gleich, das nur durch Heilung oder Therapie behoben werden kann. Dass behinderte Menschen auch *mit* ihrer Beeinträchtigung ein erfülltes Leben führen, mit Freund*innen, Liebesbeziehung und Kindern, dass sie eine Menge Kompetenzen, Spaß am Leben und einen Alltag jenseits von Werkstatt und Pflegeheim haben, all dies wird ihnen oft abgesprochen. Die Realität eines Lebens mit Behinderung, in dem oft vielmehr die Barrieren und Einstellungen der Umwelt Leid verursachen als die Beeinträchtigung, kommt wenig vor. Stattdessen zeigen Medien oft nur die Kehrseite des Opferbildes: Menschen, die ihre Behinderung überwinden — zum Beispiel als Behindertensportler*in oder als »inspirierende« Leistungsträger*innen, an denen sich Nichtbehinderte ein Beispiel nehmen sollen. Durch die Darstellung von Behinderung ziehen sich Klischees: Zum Beispiel, dass sich Rollstuhlfahrer*innen nichts sehnlicher wünschen, als laufen zu können, dass sie verbittert und missgünstig gegenüber Nichtbehinderten sind oder dass blinde Menschen allgemein musikalischer sind als Sehende.

Vielfältige Bilder von Behinderung entstehen erst langsam; zu fest gezimmert sind die Sonderwelten, die die alltäglichen Kontakte zwischen behinderten und nichtbehinderten Menschen erschweren. Die klassischen Schablonen im Blick auf behinderte Menschen ermöglichen nichtbehinderten Menschen, sich vom verunsichernden Szenario Behinderung zu distanzieren: Zu den Held*innen kann man hinaufschauen, zu den Opfern hinunter — eine Augenhöhe, die eine Nähe zu behinderten Menschen herstellen würde, braucht man so nicht einzunehmen. Dieses »Othering« von behinderten Menschen, sie unbewusst zu »Anderen« zu machen, hilft, Behinderung auf Abstand zu halten und sich so der eigenen Normalität zu versichern.

2.2. Kontinuitäten des Ableismus und Protest

REBECCA MASKOS

Der ausgrenzende Umgang mit behinderten Menschen steht in einer langen Tradition. Ableistische Bilder wie das des immerwährenden schweren Schicksals, das hilfsbedürftig und zugleich held*innenhaft ertragen wird, oder das Bild der passiven oder sogar bösartigen Last für die Umwelt legitimieren diesen Umgang und halten sich seit Jahrhunderten.

In der Antike und im alten Rom war es erlaubt, behinderte Kinder auszusetzen oder zu töten, sie galten zum Teil als Strafe oder Zeichen des Bösen. Auch Martin Luther sagte behinderten Menschen eine Nähe zum Teufel nach. Unter dem Einfluss von Religionen wie dem Christentum wandelte sich der Blick jedoch auch, behinderte Menschen wurden ein wichtiger Teil der Religionsausübung. Mit einer milden Gabe an behinderte Menschen konnte man dem Platz im Himmel ein Stück näher kommen. Behinderte Menschen mussten vielfach betteln, sofern sie nicht Teil einer bäuerlichen Lebensgemeinschaft waren. Manche verdingten sich ab dem Mittelalter als Gaukler*innen oder Narren, die auf Jahrmärkten ihre Körper zur Schau stellten. Zu Beginn der Industrialisierung fungierten Asyle und Anstalten als eine Art »Auffangbecken« für jene Menschen, die in den zunehmend normierten Arbeitsprozessen der Moderne nicht mehr mitkamen. Begleitend entstand eine medizinische Diagnostik, die Beeinträchtigungen in fest umrissene Diagnosekategorien einteilte. Mit dem nun voll etablierten medizinischen Modell der Behinderung konnte man die Existenz von Sonderwelten für die »Kranken« oder »Erziehungsbedürftigen« noch besser begründen.

Neben der Heilung und Anpassung von Beeinträchtigungen stand auch immer wieder die Verhinderung und Vernichtung behinderter Menschen auf dem Programm. Mediziner*innen und Philosoph*innen entwickelten die Lehre der Eugenik, stützten sich dabei auf falsch verstandene Evolutionstheorien und die Idee des *survival of the fittest*. Weltweit wurden ab Ende des 19. Jahrhunderts Gesetze erlassen, nach denen Menschen mit vermeintlichen »Erbkrankheiten« zwangssterilisiert werden sollten. Begründet wurde dies nicht nur mit ökonomischen Kosten durch Beeinträchtigungen, sondern außerdem mit dem Klischee eines leidvollen, »lebensunwerten« Lebens.

In Deutschland setzten die Nationalsozialisten die Idee der Eugenik systematisch um und gingen mit ihrem Programm der »Euthanasie« (altgriechisch für »schöner Tod«) behinderter Menschen noch einen Schritt weiter. Ab 1940 legten sie mit der »Aktion T4« ein systematisches Tötungsprogramm in Kliniken und Anstalten auf und testeten an körperlich, geistig und psychisch beeinträchtigten Menschen erstmals die Mordmethode der Gaskammern. 1941 wurde die Aktion T4 gestoppt, doch die Tötungen gingen unter der Hand bis kurz nach Kriegsende mit anderen Mitteln weiter. Insgesamt brachten die Nazis rund 300.000 behinderte Menschen in Osteuropa, Deutschland und Österreich um.

Nie waren behinderte Menschen weiter davon entfernt, als Inhaber*innen von Menschenrechten angesehen zu werden, als zur Zeit des Nationalsozialismus. Doch auch bei der Erklärung der Allgemeinen Menschenrechte durch die Vereinten Nationen 1948 wurde kaum an behinderte Menschen gedacht. Da ihre Benachteiligung als medizinisch und pädagogisch begründet angesehen wurde, erschien Ableismus auch nach 1945 legitim und alternativlos. Dies änderte sich erst Jahrzehnte später.

Mit dem Feminismus, der Bewegung Schwarzer Menschen und der kapitalismuskritischen Studierendenbewegung entdeckten auch behinderte Menschen, dass ihr Leben unter diskriminierenden Vorzeichen stattfindet und dass dies keineswegs so sein muss. Ende der 1960er-Jahre, hauptsächlich in den USA und in Großbritannien, fanden sich behinderte Menschen erstmals als politische Akteur*innen und Aktivist*innen der Behindertenbewegung zusammen. Etwas später, Ende der 1970er-Jahre, begannen auch in Westdeutschland und Österreich behinderte Menschen, sich in sogenannten Krüppelgruppen zu organisieren. In der DDR erschien dem Staat generell verdächtig, wer sich in Selbsthilfegruppen zusammenschloss — eine politische Bewegung behinderter Menschen entstand dort erst nach dem Mauerfall.

In Westdeutschland machten behinderte Menschen durch spektakuläre Aktionen auf sich aufmerksam. Vor allem im Jahr 1981, das die UN zum weltweiten »Jahr der Behinderten« ausgerufen hatte, besetzten sie Bühnen und verhinderten Reden von Vertreter*innen der Wohlfahrtsverbände, die sie »Wohltätermafia« nannten. Sie blockierten Straßenbahnen, bauten eigenmächtig Rampen, gingen in den Hungerstreik für barrierefreien Nahverkehr, organisierten Demos mit zum Teil mehreren Tausend Menschen. Nichtbehinderte Menschen waren als enge Verbündete dabei, jedoch war das Verhältnis zu ihnen umstritten, man wollte ihnen nicht länger dankbar sein oder sie als nicht betroffene Stellvertreter*innen für sich sprechen lassen. Es gab einige Gruppen, in denen durften Nichtbehinderte nicht mitmachen. Sie nannten sich »Krüppelgruppen«.

Die Bremer »Krüppelgruppe« schreibt zu ihrem Namen: »Immer wieder werden wir danach gefragt, warum wir uns als Krüppel bezeichnen [...]. Der Begriff Behinderung verschleiert für uns die wahren gesellschaftlichen Zustände, während der Name Krüppel die Distanz zwischen uns und den sogenannten Nichtbehinderten klarer aufzeigt [...]. Ehrlicher erscheint uns daher der Begriff Krüppel, hinter dem sich die Nichtbehinderten mit ihrer Scheinintegration ›Behinderte sind ja auch Menschen‹ nicht so gut verstecken können.« Im Dezember 1981 veranstalteten Akteur*innen der Behindertenbewegung in Dortmund das »Krüppeltribunal«, wo sie Menschenrechtsverletzungen in Einrichtungen und in der Infrastruktur der Städte anklagten. Erstmals kam auch das Thema sexualisierte Gewalt gegen behinderte Frauen zur Sprache.

Das Krüppeltribunal gilt manchen als ein Ausgangspunkt der UN-Behindertenrechtskonvention, deren Artikel die Themen des Tribunals aufgreifen, etwa das Recht auf Wohnen in den eigenen vier Wänden oder das Recht auf inklusives Arbeiten. Bis zur 2006 verabschiedeten UN-Behindertenrechtskonvention war es ein langer Weg. Beratungszentren für ein selbstbestimmtes Leben entstanden, in denen behinderte Menschen andere behinderte Menschen und deren Angehörige beraten, wenn es zum Beispiel um den Auszug von zu Hause oder aus dem Heim, die Beantragung von Hilfsmitteln und das dafür nötige Empowerment geht. Das Konzept der Persönlichen Assistenz wurde etabliert, bei dem die Entscheidungsmacht über Pflege und Unterstützung nicht bei den nichtbehinderten »Expert*innen« liegt, sondern bei den behinderten Menschen selbst.

Die Idee der Inklusion würde es ohne die globale Behindertenbewegung nicht geben. Auch heute noch sind die Widerstände von Politik und etablierter Behindertenhilfe mitunter sehr groß und Rechte müssen weiter erkämpft werden.

Eng verbunden mit dem Kampf um Rechte ist dabei das Feiern behinderter Identität. Viele Aktivist*innen verstehen Behinderung auch als gemeinsame Kultur, die sich in Slogans, Symbolen und T-Shirt-Aufdrucken zeigt. Sie hält der ableistischen Gesellschaft einen Spiegel vor, macht sich lustig über Unterdrückung und Klischees. Behinderte Künstler*innen fordern normierte Seh- und Hörgewohnheiten in Performance, Tanz, Theater und Bildender Kunst heraus. Seit den 1990er-Jahren feiern behinderte und ver_rückte Menschen regelmäßige Mad & Disability Pride Parades, ähnlich dem Christopher Street Day. Vor allem in den USA und in Kanada sind sie populär, aber auch in Deutschland gibt es seit 2013 in Berlin die »Behindert und verrückt feiern — Mad and Disability Pride Parade«. Motto: »Ganzhaben statt teilhaben«.

2.3. Menschen, die die Behindertenbewegung prägten

REBECCA MASKOS

Diese Menschen sind oder waren Pionier*innen oder haben Wichtiges angestoßen. Die Liste ließe sich lange fortsetzen.

Stella Young (1982–2014) war Lehrerin, Journalistin und Comedian aus Australien. Sie war kleinwüchsig und im Rollstuhl unterwegs. Legendär sind ihre klugen und witzigen Talks, in denen sie ableistische Klischees aufgreift und von denen sich viele auf Youtube finden. Berühmt geworden ist ihr TED-Talk: »Nein danke: Ich bin nicht Ihre Inspiration«.

Judy Heumann (1947–2023) ist eine der Begründer*innen der US-Behindertenbewegung. Durch eine Polio-Infektion saß sie von Kindheit an im Rollstuhl. Sie organisierte Proteste, Sit-ins und Blockaden und ging vor Gericht durch alle Instanzen. Dass 1990 in den USA eines der progressivsten Antidiskriminierungsgesetze weltweit verabschiedet wurde, ist auch ihr Verdienst. Sie war Beraterin im Weißen Haus bei Bill Clinton und eine Schlüsselfigur in der Netflix-Dokumentation »Crip Camp«.

Haben Girma (1988) ist eine Anwältin für die Rechte behinderter Menschen und die erste taubblinde Absolventin der juristischen Fakultät der Harvard Universität. Als Kind von Geflüchteten aus Eritrea und Äthiopien verbindet sie ihre Arbeit mit einer antirassistischen Perspektive. Mit 15 gründete sie eine Schule in Mali. Die aktive Surferin wurde von der Obama-Administration ausgezeichnet als »Champion of Change«. Über Haben Girma gibt es ein spannendes Video auf dem Youtube-Kanal der Harvard Law School.

Mike Oliver (1945–2019) war Mitbegründer der Disability Studies ↗ und einer ihrer ersten Professoren. »Wir sind nicht behindert, wir werden behindert« — diese Idee griff der querschnittsgelähmte Aktivist der britischen Behindertenbewegung auf und prägte den Begriff des Sozialen Modells. Von diesem Wandel im Denken

DIAGNOSEN ZU SEIFENBLASEN
PRIDE!
BARRIEREN
ENDLICH NORMALE LEUTE!
GANZHABEN STATT TEILHABEN

über Behinderung und seinem persönlichen Weg dorthin erzählt er im Video: »Disabled Students Campaign — Social Model of Disability with Mike Oliver«.

Alice Wong (1974) sorgt als Aktivistin der US-Behindertenbewegung mit asiatischer Herkunft seit Jahren dafür, dass intersektionale Perspektiven behinderter Menschen gehört und gesehen werden. In ihrem »Disability Visibility Project« lässt sie viele von ihnen zu Wort kommen. Als Schriftstellerin schreibt sie auch über ihre Erfahrungen als behinderte Frau, die rund um die Uhr mit Beatmung lebt.

Riva Lehrer (1958) ist Malerin, Schriftstellerin und Kunstdozentin und lebt seit ihrer Geburt mit Spina Bifida. In ihren Bildern porträtiert sie unter anderem Aktivist*innen der Behindertenbewegung, inszeniert sie in einer entrückten, eigensinnigen Welt und konterkariert damit ableistische Sehgewohnheiten. In ihrem Buch »Golem Girl« geht sie auch auf das Aufwachsen als behindertes Kind in der jüdischen *community* ein.

Theresia Degener (1961) ist eine der Architekt*innen der UN-Behindertenrechtskonvention. Die Aktivistin, Juristin und Professorin für Disability Studies ist Mitbegründerin der deutschen Behindertenbewegung und hat 1981 das »Krüppeltribunal« mit ausgerichtet — eine der ersten Veranstaltungen, auf der Menschenrechtsverletzungen an behinderten Menschen thematisiert wurden. Als Betroffene des Contergan-Skandals wurde sie ohne Arme geboren. Auf Youtube gibt es eine starke Rede und Performance von ihr anlässlich der ersten Berliner Pride Parade behinderter Menschen. Zu finden unter »Theresia Degener Rede — Disability and Mad Pride Parade 2013«.

Swantje Köbsell (1958) nahm als eine der Aktivist*innen der ersten Stunde der Behindertenbewegung an zahlreichen Protesten für Barrierefreiheit teil. 1981 trat sie zusammen mit der Bremer »Krüppelgruppe« im Foyer der Bremer Bürgerschaft in den Hungerstreik. 2014 wurde sie eine der ersten Professorinnen für Disability Studies in Deutschland. Ein Videoporträt der Zeitschrift »Die Zeit«

über sie gibt es online unter »Behinderung und Diskriminierung: Der Protest der Bremer Krüppelgruppe«.

Udo Sierck (1956) ist Mitbegründer der Behindertenbewegung und schrieb unzählige Aufsätze und Bücher. Er machte Gewalt in der Behindertenhilfe öffentlich, recherchierte zur Geschichte behinderter Menschen. Seine Bücher tragen Titel wie »Die Wohltätermafia« oder »Sie nennen es Fürsorge«. 1989 schrieb er eines der ersten Bücher über Ableismus im Eltern-Kind-Verhältnis. Titel: »Das Risiko, nichtbehinderte Eltern zu bekommen«. Im Kern ist es auch heute noch hochaktuell. Online findet man eine digitale Version im »Bücherbord« des »Archivs Behindertenbewegung«.

Dinah Radtke (1947) setzt sich seit Jahrzehnten für die Rechte behinderter Menschen ein und arbeitete als Übersetzerin. 1987 gründete sie in Erlangen eines der ersten Zentren für selbstbestimmtes Leben in Deutschland. Dort beraten behinderte Menschen andere behinderte Menschen. Sie war auch international aktiv und viele Jahre Vizepräsidentin von »Disabled People International«. Auf dem Youtube-Kanal von Bifos e. V. gibt es ein Video-Interview mit ihr.

Franz Christoph (1953—1996) sorgte mit spektakulären Aktionen ab Ende der 1970er-Jahre für Diskussionsstoff. Der Mitbegründer der »Krüppelbewegung« beantragte 1979 aus Protest gegen die behindertenfeindliche Atmosphäre in Deutschland politisches Asyl in den Niederlanden. 1981 schlug er den damaligen Bundespräsidenten Karl Carstens bei der Eröffnung der REHA-Messe in Düsseldorf mit der Krücke vors Knie — und bekam lediglich einen Platzverweis. Mit seinen Aktionen zeigte er, dass der Widerstand behinderter Menschen nicht ernst genommen wird.

Alle Links zu den Videos und Websites der einzelnen Personen findet ihr hier

2.4. Ableismus in der Schwangerschaft: Pränataldiagnostik

MAREICE KAISER

»Dich hatte ich mir anders vorgestellt«, so heißt ein Buch von Fabien Toulmé. Der französische Autor schreibt darin über die Geburt und die ersten Jahre mit seinem Sohn, der mit Down-Syndrom zur Welt kam. Der Titel fasst eigentlich alles zusammen, was man rund um Schwangerschaft, Pränataldiagnostik, Geburt und Ableismus wissen muss. Obwohl nur 3,3 Prozent aller Menschen mit Behinderung bereits mit einer Beeinträchtigung zur Welt kommen, haben Schwangere oft das Gefühl, sie müssten von Beginn der Schwangerschaft an dafür sorgen, dass ihr Kind bloß nicht mit einer Beeinträchtigung oder krank zur Welt kommt. Sie nehmen Tabletten (Folsäure), ernähren sich richtig (keine Rohmilch) und lesen Schwangerschaftsratgeber (viele). Es ist von Anfang an klar: Wie es dem Kind (zu diesem Zeitpunkt Fötus) geht, hängt vor allem mit dem Verhalten der schwangeren Person zusammen.

Das klare Ziel einer Schwangerschaft: Ein gesundes, nicht beeinträchtigtes Kind zur Welt zu bringen. »Hauptsache gesund«, die Redewendung wird inflationär genutzt. Vor ein paar Jahren habe ich Texte geschrieben, in denen ich »Hauptsache gesund« durch »Hauptsache glücklich« ersetzt habe. Heute sehe ich auch das anders. Denn es gibt weder das Recht auf ein gesundes Kind noch ein Recht auf ein glückliches Kind oder ein glückliches Leben. Die Pränataldiagnostik — also die Möglichkeiten, die es gibt, den Fötus zu untersuchen — geben uns aber genau dieses Gefühl. Es gibt Ultraschall- und Blutuntersuchungen sowie invasive Untersuchungen. Und wenn es diese Möglichkeiten gibt, sollten wir sie nutzen, wenn wir verantwortungsvolle werdende Eltern sind, oder?

So einfach ist das natürlich nicht. Eine (gute) Ärztin sagte mir mal: »Machen Sie den Test nur, wenn das Ergebnis auch eine Entscheidung für Sie mit sich bringt.« Eine andere (kluge) Person sagte mir mal: »Du kannst erst wissen, wie du dich entscheidest, wenn du in der Situation bist.« Und beide Aussagen zeigen sehr gut die Misere, die die Pränataldiagnostik mit sich bringt. Wir können nicht wissen, was die Ergebnisse mit uns machen. Und, wie bereits geschrieben, nur 3,3 Prozent aller Menschen kommen mit einer Beeinträchtigung zur Welt. Alle anderen Beeinträchtigungen werden im Laufe des Lebens erworben. Es wird also eine Sicherheit vermittelt, die es nicht gibt.

Eine neue Errungenschaft der vorgeburtlichen Untersuchungen ist der nicht-invasive Pränataltest (NIPT). Mit diesem Test wird die schwangere Person per Blutentnahme auf mögliche Trisomien des Fötus untersucht — ohne das Risiko einer Fehlgeburt wie bei anderen Diagnostikverfahren. Mit dem NIPT wird im Blut der Schwangeren vor allem das Down-Syndrom erkannt. Und es ist paradox: Obwohl das Down-Syndrom zu den vergleichsweise leichten Behinderungen zählt, es immer mehr positive Rollenvorbilder gibt und die gesellschaftlichen Teilhabe-Chancen für Menschen mit Down-Syndrom so gut wie nie sind, reicht die Akzeptanz im Privaten nicht aus, dass sich werdende Eltern für ein Kind mit Down-Syndrom entscheiden. Durch die NIPT wird der soziale Druck noch größer, auf Trisomien zu untersuchen — und sich im Zweifel dann für einen Abbruch zu entscheiden.

Ganz wichtig an dieser Stelle: Dass es die Möglichkeit für Schwangerschaftsabbrüche gibt, ist gut. Sie müssen dringend aus dem Strafgesetzbuch gestrichen und entkriminalisiert werden. Bei einem NIPT, der eine Trisomie feststellt, besteht die Möglichkeit für einen Abbruch im Rahmen der sozialen Indikation. Damit sind persönliche Situationen und Gründe gemeint, die das körperliche und psychische Wohlergehen der Schwangeren gefährden könnten. In der vorgeburtlichen Diagnostik wird also gesagt, dass ein Leben mit einem Kind mit einer Trisomie so schwer sei, dass ein Abbruch in Ordnung ist. Statt darüber nachzudenken, wie wir unsere Gesellschaft und unser Leben so gestalten können, dass alle Familien mit allen Kindern ein gutes, selbstbestimmtes Leben führen können.

»Wusstet ihr das vorher?« ist wohl die Frage, die Eltern von behinderten Kindern am häufigsten hören. Es schwingt eine andere Frage mit: »Konnte man da denn nichts machen?« Die Fragen beinhalten eine Schuldzuweisung und die verbreitete Annahme: Ein Kind mit Behinderung, das muss doch heute nicht mehr sein. Was das mit uns macht, sehen wir an den Zahlen rund um das Down-Syndrom. Es kommen immer weniger Menschen mit Down-Syndrom zur Welt. Die Autorin und Aktivistin Natalie Dedreux hat deshalb die Petition »Menschen mit Down-Syndrom sollen nicht aussortiert werden« gestartet. Sie sagt: »Ich habe Angst davor, dass es vielleicht bald weniger Menschen mit Down-Syndrom auf der Welt gibt. Eine Welt ohne Menschen mit Down-Syndrom wäre kaputt.«

Durch die Möglichkeiten der Pränataldiagnostik steigt der soziale Druck auf Schwangere. »Das muss doch heute nicht mehr sein« ist ein Spruch, den Eltern behinderter Kinder tatsächlich zu hören bekommen, meistens hinter vorgehaltener Hand. Wie wir mit Pränataldiagnostik umgehen, zeigt ganz deutlich auch unser Umgang mit Behinderung als Gesellschaft: Wir verstehen Behinderung als Ausnahme von der Norm und sehen nicht, dass Behinderung zum Leben dazugehört. Aber vor allem wird nicht wahrgenommen, dass Behinderung kein individuelles Schicksal ist, sondern dass es darum gehen muss, unsere Gesellschaft, unsere Umwelt, unsere Strukturen so umzugestalten, dass möglichst viele Menschen gut darin leben können. Stattdessen sortieren wir Menschen aus, die nicht in diese vermeintliche Norm passen.

VERSICHERUNG
RATGEBER
NICHT SCHWER HEBEN
ER-NÄHR-UNG
KINDER SICHER
HAUPTSACHE GESUND!
VORSOR-GE

»Das muss doch heute nicht mehr sein« ist nicht das Ende ableistischer Sprüche und Handlungen. Damit einher geht auch die Ansicht, behindertes Leben wäre weniger wert als Leben ohne Behinderung. Wir sehen das in den Medien, wenn darüber berichtet wird, dass Eltern ihre behinderten Kinder töten. Immer wieder gibt es Meldungen darüber, die Sätze enthalten wie »Die 38-Jährige habe ihrer zweijährigen Tochter ein Leben mit schwerer Behinderung ersparen wollen«. Für diese Taten gibt es in den Medien und Kommentarspalten häufig Verständnis. Unvorstellbar, wenn Eltern ihre nichtbehinderten Kinder umbringen würden.

Statt die pränataldiagnostischen Möglichkeiten immer weiter zu verbessern, fordern Menschen aus der Behindertenbewegung, dass sich die Lebenssituation behinderter Menschen umfassend verbessern muss. Es braucht zugängliche Informationen, in denen deutlich wird, dass es Möglichkeiten gibt, mit behinderten Kindern gut zu leben. Am Ende dieser inklusiven Vision würde stehen, dass sich Pränataldiagnostik als Methode zur gezielten Selektion behinderter Kinder durch Unterstützung, Teilhabe von allen und Inklusion überflüssig gemacht haben könnte.

Doch so weit sind wir leider nicht. Aktuell ist es so, dass viele Eltern behinderter Kinder nicht so erwerbsarbeiten können, wie sie gerne würden. Viele Eltern behinderter Kinder haben eine Bibliothek aus Aktenordnern für die bürokratische Korrespondenz. Bei Kita- und Schulplätzen fühlen sich viele Eltern behinderter Kinder wie Bittsteller*innen. »Muss das denn sein?«, das ist ein Satz, den einige Eltern behinderter Kinder zu hören und viele zu spüren bekommen. Das Leben mit behindertem Kind wird nicht unbedingt komplizierter aufgrund der Behinderung des Kindes, sondern aufgrund des Umgangs der Gesellschaft mit der Behinderung — in der Medizin, der Bildung und in allen anderen Strukturen. Der Ausbau der Pränataldiagnostik ist eine logische Schlussfolgerung einer ableistischen Gesellschaft. Statt an mehr Inklusion zu arbeiten, arbeiten wir als Gesellschaft an einer Norm, in die Menschen passen sollen. Wenn sie nicht passen, sortieren wir sie aus.

2.5. Ableismus in der Familie

BÁRBARA ZIMMERMANN

Ich bin Mutter von drei Kindern, zwei ohne und eines mit Behinderung. Hier schreibe ich über mich. Über meine eigenen Herausforderungen in der Beziehung zu meiner behinderten Tochter. Aber auch über ein verbreitetes Phänomen, das mit dem Begriff »Ableismus« auf den Punkt gebracht wird. Der Begriff wird abgeleitet aus dem englischen Wort *able* (= fähig sein) und bezieht sich auf gesellschaftliche Strukturen und Situationen, in denen Menschen mit Behinderung diskriminiert und abgewertet werden.

Ich habe 33 Jahre meines Lebens in einer Blase gelebt. Bis zur Geburt meines dritten Kindes hatte ich keine emotionale Bindung zu irgendeinem Menschen mit Behinderung. Meine Vorstellung davon, Kinder zu bekommen, war die von »perfekten Babys«, die fünf Finger an jeder Hand haben, irgendwann krabbeln und laufen können, die sprechen, hören und sehen und als Erwachsene selbstständig aus dem Haus ziehen. Diese Bezugsbilder sind in vielen Aspekten anders als die vielfältigen Realitäten behinderter Menschen und deren Familien. Gerade diese illusorische Blase der »Normalität« ist eine grundlegende Ursache für den Ableismus, der sich in meiner Haltung, meinen Gedanken, Gefühlen und meinem Handeln oft unbewusst äußert und dessen subtile Formen mir in einem langen Prozess immer bewusster werden.

Plötzlich gab es diesen Moment in der Schwangerschaft. Ich war bei meiner Ärztin, damit sie mir bestätigt, dass wir weiter eine Hausgeburt planen können. Aber mit der Diagnose des offenen Rückens bei meinem Baby war dies nicht mehr möglich. Ab diesem Moment wurde vieles anders. Ich musste anfangen, mehr über die Funktionen und Zusammenhänge von Gehirn, Wirbelsäule, Füßen, Nieren, der Blase und die Konsequenzen bei einer Fehlbildung zu verstehen, um Entscheidungen für das Wohl meines Kindes treffen zu können. Heute kämpfe ich für Inklusion und mehr Respekt. Und ein neues wöchentliches Ritual ist entstanden: der Anruf bei der Hotline der Krankenkasse als gefühlte Bittstellerin für die so notwendige Versorgung mit Hilfsmitteln, die den Alltag so sehr erleichtern können.

Niemand von uns wurde auf diese Aufgabe vorbereitet. Wir leben mit der kollektiven Vorstellung einer Elternschaft mit Kindern, die als »normal« gelten und damit im Sinne einer leistungsorientierten Gesellschaft funktionieren. Aber selbst in der sogenannten »Normalität« liegen unendliche Herausforderungen. Es gibt keine Sicherheit für ein Leben nach Plan oder dafür, was im Verlauf eines Lebens passiert, das Einschränkungen oder eine Behinderung mit sich bringen könnte.

Wenn es um Mutterschaft geht, leben in uns Bilder und Referenzen von bedingungsloser Liebe, von Zärtlichkeit und von Müttern, die alles für ihre Kinder machen. Und gerade mit Blick auf Mütter von behinderten Kindern sind diese Vorstellungen in zweierlei Hinsicht noch stärker zu erkennen: Entweder wird angenommen, dass sie eine unendliche Kraft haben und nur für ihre Kinder leben. Oder es wird unterstellt, dass sie im Gegenteil keine Lebensfreude mehr haben, da die Belastung durch die vielen Aufgaben, die wegen der Behinderung des Kindes zu organisieren sind, sehr groß ist. Diese fast zu Heiligen stilisierten Mütter sind dabei sehr weit entfernt von echten

Menschen, die komplexe Wesen und ganz unterschiedlich sind.

Ich liebe mein Kind! Diese Liebe geht weit über unsere Zweierbeziehung hinaus und gibt mir die Kraft, mich aktiv für eine antidiskriminierende Gesellschaft einzusetzen. Heißt das aber, dass ich vor Vorurteilen automatisch geschützt bin und keine ableistischen Gedanken, Sätze und Haltungen meinem Kind gegenüber habe? Ist die Mutterliebe bei Müttern von behinderten Kindern ein Schutz dagegen? Schön wäre es. Aber leider ist das nicht so einfach. Es fühlt sich oft sehr unangenehm an, darüber zu reden. Aber hier geht es nicht darum, mit dem Finger auf jemanden zu zeigen. Sondern um eine ehrliche Einladung an uns Eltern. Ohne Schuldzuweisungen, sondern mit Verantwortung für das Erkennen von ableistischen Mustern in der Beziehung mit unseren Kindern. Wie lässt sich also Ableismus in der Eltern-Kind-Dynamik erkennen?

Bei einem so komplexen Thema wie Behinderung und Ableismus ist es im Grunde unmöglich, allgemeingültige Antworten zu formulieren. Die folgenden Beispiele können aber dazu dienen, den eigenen Blick für ableistische Verhaltensmuster zu schärfen und sie so Stück für Stück abzubauen.

Die Gesellschaft legt einem inklusiven Leben einige Stolpersteine in den Weg. Dadurch sind Eltern behinderter Kinder oft sehr müde und frustriert, weil sie immer wieder miterleben, dass das Kind — sei es in der Schule, in Freizeitangeboten oder allgemein in der Gesellschaft — nicht angenommen und akzeptiert wird. Diese Müdigkeit oder Verärgerung, die natürlich sehr verständlich ist, kann dazu führen, dass sie das Kind noch mehr vom sozialen Leben fernhalten. Manchmal kommt es auch zu einem überdimensionierten Beschützen, weil das Kind etwas Bestimmtes nicht selbstständig machen kann. Stößt das Kind an eigene Grenzen, trauen die Eltern ihm viele Erfahrungen nicht zu: sei es, ohne ihre Begleitung für zwei Stunden bei der Tante zu sein, allein mit Freunden ins Kino zu gehen, Partys bis drei Uhr nachts zu

BÁRBARA ZIMMERMANN

ist Autorin, Aktivistin und zusammen mit Simone Rouchi und Anna Mendel gestaltet sie den Blog Kaiserinnenreich, eine Plattform für pflegende Eltern im deutschsprachigen Raum. Aktuell promoviert sie zum Thema Lebensrealitäten von migrantischen Frauen mit behinderten Kindern in Deutschland.

feiern oder aus dem Elternhaus auszuziehen. »Ich mache das schnell für dich.« Das kann ein typischer Satz oder Gedanke von Eltern sein, wenn das Kind nicht so schnell ist wie sie selbst. Wofür das Elternteil eine Minute braucht, braucht das Kind eventuell zehn. Aber es ist extrem wichtig, dass das Kind durch seine Frustration geht — und die Eltern durch ihre Ungeduld. Nur so kann das Kind seine eigene Art und Weise entwickeln, die Tätigkeiten zu meistern.

Aufgefallen ist mir auch eine unbewusste und ungesunde Symbiose zwischen Eltern und Kind, bei der die Eltern den Erfolg des Kindes für sich beanspruchen, ganz nach dem Motto: »Ohne uns/mich wärst du nicht so weit gekommen.« Während Eltern in einigen Situationen ihrem behinderten Kind also besonders wenig zutrauen oder es vielleicht sogar zu stark beschützen, wird wiederum in anderen Situationen versucht, die Behinderung des Kindes zu kaschieren. Eine taube Freundin hörte zum Beispiel oft von ihrer Mutter, wenn sie unter anderen Menschen waren: »Musst du deine Haare so frisieren? Dein Hörgerät ist dadurch sichtbar.« Solche Aussagen vermitteln dem Kind, dass ein Hilfsmittel oder eine Behinderung etwas ist, was es zu verstecken gilt, wofür es sich vielleicht sogar schämen muss, weil es nicht »normal« ist.

Eine kindliche Haltung in der Kommunikation, selbst wenn das Kind nicht mehr klein ist, oder eine unachtsame, respektlose Behandlung des Körpers des Kindes bei der täglichen Pflege sind weitere Verhaltensweisen, die man bei Eltern behinderter Kinder beobachten kann. Dazu gehört auch, dass Eltern mit Ärzt*innen und Therapeut*innen vor dem Kind über den Körper des Kindes sprechen und darüber entscheiden, ohne das Kind und dessen Bedürfnisse miteinzubeziehen. Das Kind wird dadurch zu einer*einem passiven Patient*in ohne Mitspracherecht.

Menschen mit Behinderung werden heute oft als Menschen mit »besonderen Bedürfnissen« gesehen — von dieser Sichtweise sind auch die Eltern des Kindes nicht ausgenommen. Um über das Thema aufzuklären, hat die Organisation »CoorDown«, die sich für die Rechte von Menschen mit Down-Syndrom einsetzt, eine Online-Kampagne gestartet, in der es heißt: »Es wären besondere Bedürfnisse, wenn Menschen mit Down-Syndrom Dino-Eier essen müssten.
Wir brauchen Bildung, Arbeit, Möglichkeiten, Freunde und etwas Liebe. So wie alle anderen. Sind das besondere Bedürfnisse?«

ACH!
ICH MACH DAS SCHNELL FÜR DICH!

Den richtigen Ton zu finden, wenn es um ableistische Verhaltensmuster in der Familie geht, ist nicht leicht, und es ist nicht meine Intention, mit dem Finger auf andere Eltern zu zeigen. Wir stehen zusammen vor ähnlichen Aufgaben und Herausforderungen als Menschen, die zusammen mit ihren Kindern am Leben wachsen. Ich will nicht behaupten, dass dieser Weg einfach ist. Damit würde ich meine eigene Realität leugnen.

Ich glaube auch nicht an einfache Rezepte. Mache X, dann erreichst du Y. Das gilt erst recht nicht für Beziehungen. In meinem Prozess der Auseinandersetzung mit ableistischen Verhaltensmustern in Familien und der Beziehung zu meiner Tochter gibt es allerdings drei Tipps, auf die ich immer wieder zurückkomme, und die sich für mich als hilfreich erwiesen haben.

Erstens ein bewusster Umgang mit Medien: Welche Bilder von Familien mit Kindern mit Behinderungen werden in den Medien verbreitet? Warum werden, wenn über uns berichtet wird, so selten die alltäglichen Erfahrungen und Herausforderungen dargestellt, die viele Familien — mit und ohne behinderte Kinder — gemeinsam haben? Entweder ist die Behinderung *die* Ursache für das Leid der Familie oder sie wird zum Symbol von Lebensfreude, Tapferkeit und Held*innentum stilisiert.

Ein zweiter wichtiger Punkt ist das Vernetzen mit anderen Eltern behinderter Kinder: online und offline. Wie meistert jede*r von uns den Alltag? Welche Haltung haben die Eltern, bei denen die Kinder mit mehr Autonomie aufwachsen? Mein Kind kann sich vielleicht die Schuhe nicht allein anziehen. Aber ich kann es fragen, ob es heute lieber die blauen oder die roten Schuhe tragen möchte.

Drittens ist das Lernen aus den Erfahrungen behinderter Erwachsener ein wesentlicher Bestandteil meines Lernprozesses: Auf ihre Stimme zu hören ist für mich eines der wichtigsten und hilfreichsten Erkenntnisse in meiner Auseinandersetzung mit Ableismus. Selbst wenn diese Menschen nicht die gleiche Beeinträchtigung haben wie mein Kind, stehen sie bestimmten Aspekten des Lebens meiner Tochter viel näher als ich. Dadurch kann ich viel von ihnen lernen.

Ich plädiere für einen Weg mit Mut, Verantwortung und *afeto*. *Afeto*, ein portugiesischer Begriff meiner Muttersprache, für den es keine direkte, treffende Übersetzung ins Deutsche gibt. *Afeto* beschreibt die Bereitschaft und Offenheit für eine warmherzige, authentische und berührende Begegnung miteinander. Es braucht aber auch Mut, meine ableistischen Vorurteile zu erkennen und mich von ihnen zu trennen. Und Verantwortung, um aktiv die Welt mitzugestalten, von der ich träume. Eine Welt, in der Diversität die neue Norm wird.

Dieser Text erschien zuerst im Online-Magazin »Die Neue Norm«.

»Es gab keinen Raum für meine Talente«

Stefanie-Lahya Aukongo

Ich bin Lahya und ich habe das Glück, beruflich ganz viele unterschiedliche Sachen zu machen. Ich fotografiere, ich mache Workshops, ich bin in der Bildungsarbeit tätig, ich mache Poesie, ich bin auf Bühnen und reise durch Europa. Und ich bin *cute* — Menschen, die marginalisiert werden, wird oft ein liebevoller, zarter, witziger und vielleicht auch kokettierender und ehrlicher Bezug zur Welt und zur eigenen Persönlichkeit abgesprochen. Ich bin *cute* und intersektional ↗, beides gehört zu mir.

Meine Kita habe ich als Ort sehr liebevoll in Erinnerung. Aufgrund meiner Geschichte — ich bin aus dem Krieg zurückgekommen — musste ich aufholen, damit ich es altersgerecht in die Schule schaffe. Auf meine Bedürfnisse wurde eingegangen, soweit man das konnte zu der Zeit. Meine Kita war eine ganz normale Kita um die Ecke, ich kann mich auch nicht erinnern, dass andere Kinder mit Behinderungen dort gewesen wären. Darin bestand vielleicht auch die Herausforderung zu gucken: »Was machen wir mit diesem Schwarzen, behinderten Kind, das da jetzt zu uns gekommen ist?«

Ich konnte kaum laufen, kaum sprechen, obwohl ich das alles schon mal konnte. Ich war emotional überfordert und traumatisiert. Ich war damit beschäftigt, den Tag zu schaffen. Und gleichzeitig habe ich es durch die Liebe meiner Familie geschafft »aufzuholen«. Und mir war es total wichtig, mit meinen Freundinnen aus der Kita in die Schule zu gehen. Viele sagten damals: »Das Kind ist noch nicht so weit.« Aber ich wollte unbedingt. Und dann habe ich es geschafft.

Ich erinnere mich an die Vorschuluntersuchung, so eine Tauglichkeitsuntersuchung. Ich weiß noch, wie dieses Zimmer aussah, in das man musste. Da bekam ich dann den Stempel: »Das Kind soll in eine sonderpädagogische Schule gehen.« Aber meine Familie und ich, wir wollten eine Regelschule probieren. Dort war ich das einzige behinderte Kind. Ein Mitschüler hatte eine kleine Behinderung, aber sonst war ich ausschließlich mit Kindern ohne Behinderung zusammen in der Schule.

Wenn es um Sport ging, war klar, ich kann nicht alles machen. Aber trotzdem war ich immer dabei, das war für alle der Normalzustand. Ich habe auch Fangen mitgespielt. Ich war zwar nie die Schnellste, aber ich war Teil der Gruppe, Teil der Gang. Schwieriger wurde es in der Oberschule, als es darum ging: Wer sind die anderen, wer bin ich? Da habe ich dann gemerkt, dass Schulzeit auch eine qualvolle Zeit sein kann. Es ging dann darum, wer mit wem geht und so. Da hat meine Behinderung dann schon eine Rolle gespielt.

Ich würde mir wünschen, dass auch Kinder mit ähnlichen Erfahrungen zusammen sein können, also generell mehr Vielfalt. Das hätte mir damals wahrscheinlich das Gefühl gegeben, nicht anders zu sein und anders gemacht zu werden. »Die Lahya kann das jetzt aber nicht, die Lahya braucht das aber so.« Dann wären vielleicht mehrere Kinder dabei gewesen, die etwas anderes gebraucht hätten. Eine barriereärmere Schule hätte ich mir auch gewünscht. Ich musste in die vierte Etage laufen, das war mit großer Anstrengung für mich verbunden. Für mich war es Stufe für Stufe für Stufe.

Ich war ein super verträumtes Kind. Ich saß da und konnte ab der zweiten Stunde gar nicht mehr mitkommen. Ich musste mich immer superdoll anstrengen, mittelmäßige Noten zu bekommen. In der Oberschule bin ich dann abgefallen. Bis zur elften Klasse bin ich zur Schule gegangen und habe dann eine Ausbildung in einem Berufsbildungswerk gemacht, es gab einfach keine Alternative. Dann habe ich Bürokauffrau gelernt, was für einen Menschen, der so überhaupt nichts mit Zahlen am Hut hat, furchtbar ist. Das war mein Endgegner. Später habe ich das Abitur nachgeholt und studiert. Mittlerweile habe ich mehrere Abschlüsse.

Es gab keinen Raum für meine Talente, sondern es ging immer nur darum, in diesem System irgendeinen Platz zu finden. Ich konnte nirgendwo richtig ankommen und ich sein. Außer in den Chören, in denen ich sang, das waren gute Orte für mich. Aufgrund meiner

Behinderung musste ich immer viel mit Ton und Keramik machen, um die Feinmotorik meiner Finger zu fördern. Deshalb war ich nachmittags viel in einer Kunst-Jugendschule. Das war mein Heilungsort. Mich in die Kunst zurückzuziehen mit Leuten, denen es ähnlich geht, und ohne dass etwas bewertet wird. Kunst durfte entstehen und wachsen. Das war ein empowernder Ort.

Mit elf habe ich mein erstes Gedicht geschrieben, das ich noch immer vorlese. Seitdem habe ich nicht aufgehört, Gedichte zu schreiben. Ich wünsche mir, dass Kinder und Jugendliche das tun können, worin sie gut sind, was sie glücklich macht. Auch in der Schule. Wenn du tanzen kannst und magst, kannst du die Hälfte der Schulzeit tanzen. Gesang, Malerei, Poesie, Fotografie, die sind Stück für Stück zu mir gekommen. Ich habe nicht viel gesprochen, ich habe mehr Kunst gemacht. Irgendwann habe ich festgestellt: Ich muss nicht immer mit Leuten sprechen, aber ich kann singen. In der Schule kam das Schreiben dazu und ich habe gemerkt: Wow, mit dem Schreiben kann ich nochmal eine andere Tiefe ausdrücken.

»Ich zeige, wie cool ich bin«
Natalie Dedreux

Ich bin Natalie, 24 Jahre alt, hab das Down-Syndrom. Ich mache mich viel sichtbar. Ich geh viel nach vorne und so. Das Down-Syndrom ist cool, da muss man keine Angst vor haben! Viele Leute haben noch nie einen Menschen mit Down-Syndrom gesehen. Wenn ich nach draußen gehe und zeige, wie cool ich bin, dann halte ich Vorträge, sitze auf Podien. Ich habe jetzt auch noch ein Buch geschrieben. Ich war mal in einer Werkstatt, bin da aber nicht mehr drin. In der Kita war ich nicht. In der Schule war es inklusiv, da konnte man miteinander lernen. Das war eine inklusive Gesamtschule. Die haben uns verschiedene Aufgaben gegeben. Das war alles gut in der Schule bei mir. Gemobbt worden bin ich nicht. Die Lehrer*innen waren richtig nett.

Wenn man Menschen mit Behinderung in der Schule hat, dann muss Inklusion gemacht werden. Das ist wichtig. Wenn die Kinder gemobbt werden, muss man als Lehrer*in Einsatz zeigen. Politik fand ich gut in der Schule. Ich wurde noch nie persönlich diskriminiert und es wurden mir auch keine doofen Sachen gesagt. Es liegt daran, dass wir Menschen mit Down-Syndrom noch oft am Rand unserer Gesellschaft stehen und dass wir nicht richtig ernst genommen werden. Wir werden vergessen und es wird über uns Menschen mit Behinderung geredet. Stattdessen soll mehr mit uns und mehr von uns gesprochen werden.

Kinder sollen mehr in inklusive Schulen geschickt werden, damit man mehr miteinander lernen kann. Überall soll Inklusion gemacht werden. Die Angst vor Behinderung muss weg. Behinderung ist normal.

»Glaubt uns einfach«
Shoshana Wegfraß

Ich bin Shoshana, Anfang 30, aus Berlin. Momentan bin ich aufgrund meiner Behinderung und der Behinderung meiner Kinder nicht erwerbstätig. Ich beginne aber bald eine Rehabilitationsmaßnahme, damit ich wieder erwerbsarbeiten kann. Ich bin queer ↗, behindert und psychisch und chronisch krank. Meine Kinder sind ebenfalls beeinträchtigt und ich bin verheiratet mit meinem Mann, der ADHS hat. Wir sind eine neurodivergente ↗ Familie.

An meine frühe Kindheit habe ich aufgrund von Traumata keine starken Erinnerungen. Ich bin damals in die Kita um die Ecke gegangen, das war nicht so spektakulär. Meine Diagnose Autismus habe ich erst im Erwachsenenalter bekommen, ich bin auf eine normale Standard-Schule gegangen. Dort habe ich mich ziemlich durchgekämpft und durchgeschummelt. Ich war ziemlich ausgeschlossen und habe mich isoliert gefühlt. Mit der Schule an sich hatte ich wenig Probleme, eher mit dem sozialen Umgang. Ich konnte den Schulstoff, aber ich habe mich immer wie ein Alien gefühlt, der sich inkognito durchschummelt und irgendwie fehl am Platz ist.

Ich hatte ein gewalttätiges Elternhaus und schon allein deswegen hatte ich null Sozialkompetenzen. Und auch mein Autismus hat eine Rolle gespielt. Ich wusste nicht, wie man Kontakt zu anderen Kindern aufbaut, wie man Freundschaften schließt, wie ich mit Kindern interagieren soll. Ich hatte auch keine Freundschaften, sondern war immer im Abseits. Ich habe mir gewünscht, dazuzugehören, aber wusste nicht wie. Und für die anderen war ich anscheinend auch sehr anders. Und so habe ich eher mein Ding gemacht, ohne die anderen. Meine Leistungen waren nicht das Problem, deshalb hat der Rest niemanden interessiert. Ich hatte das Gefühl, das Problemkind zu sein. Für die anderen war ich nur das Sensibelchen.

Meine Diagnose habe ich mit Mitte 20 bekommen, nachdem mein großer Sohn seine Diagnose bekam. Ich habe mich in der Praxis, in der mein Sohn in Behandlung war, überwunden, das anzusprechen. Der Test war dort für Selbstzahler, in der Erwachsenendiagnostik kostet so was ja manchmal Geld, weil die Kassenplätze ausgelastet sind. Die Diagnose hat für mich ganz viel verändert. Es ist was anderes, zu denken: »Ich bin autistisch.« Es ist wichtig, das von außen bestätigt zu bekommen — vor allem für mich, weil ich immer an mir selbst zweifle. Für meinen inneren Frieden war die Diagnose wichtig. Dann habe ich mich auf den Weg gemacht, ganz viel gelesen, mich mit anderen ausgetauscht und mich an die Diagnose angepasst. Das klingt komisch, aber ich meine damit vor allem, mein Leben barrierefreier zu gestalten. Weniger Masking ↗, weniger Kompensation, mehr zu sich selbst stehen. Das ist ein wichtiger Prozess nach der Diagnose.

Nach der Schule habe ich Altenpflege gelernt, einfach weil ich etwas machen musste. Ich habe kurz in dem Beruf gearbeitet, da ging es mir aber gar nicht gut. Irgendwann habe ich aufgehört und bin dann auch bald schwanger geworden. Wenn ich wieder arbeite, brauche ich offene Menschen, mit denen ich reden kann, die gewillt sind, Zugeständnisse zu machen. Ich brauche Räume, in denen ich auch mal allein sein kann. Und individuelle Arbeitszeiten. Mehr als vier Stunden am Tag kann ich nicht arbeiten.

Meine Kinder sind mittlerweile an einer Inklusionsschule, die sich gut mit Autismus auskennt. Da läuft es gut. Auf der anderen Schule, der Einzugsschule, lief es überhaupt nicht gut. Sie wussten von der Diagnose von meinem Sohn, von seinem Pflegegrad, dem Grad seiner Behinderung. Trotzdem sollte alles von ihm ausgehen, er sollte sich anstrengen, keiner ging auf ihn zu. Da ging es ihm schlecht, er war gar nicht mehr das gleiche Kind. In der Schule wurde er ausgeschimpft, zum Beispiel für seine Handschrift. Man hat von ihm verlangt, dass er alles schafft wie die anderen Kinder. Er wurde in einen Nebenraum ausquartiert. Wir haben dann Minimalbeschulung gemacht, nur ein paar Stunden am Tag. Wir wurden ziemlich allein gelassen. Heute, auf der neuen Schule, ist das alles besser.

Wichtig finde ich Offenheit, Personal, das den eigenen Horizont erweitern will und sich weiterbildet. Es gibt so viele Informationen von Betroffenen. In der Praxis ist oft wenig Zeit dafür, das verstehe ich. Deshalb ist Kommunikation mit den Eltern so wichtig, auch über Dinge, die nicht klappen, über Ressourcen. Aufmerksames Lehrpersonal, eine frühe Diagnostik, ein schulpsychologischer Dienst vor Ort und mehr Aufmerksamkeit für die einzelnen Kinder. Heute ist das ja oft so, aber früher war ich einfach nur das Problemkind. Es wurde nicht geschaut: »Was ist zu Hause los?« Heute, bei meinen Kindern, wird damit anders umgegangen. Eine Schulpsychologin finde ich wichtig, eine Person, die die Kinder dann auch kennen, barrierefrei.

Vor allem wünsche ich mir, dass man uns glaubt. »Ach, das macht doch jedes Kind« oder »Das ist doch nicht so schlimm« oder mein Lieblingsspruch: »Entspannte Eltern, entspannte Kinder«. Bitte lasst das. Bitte versucht nicht zwanghaft, mit einem »Mein Kind macht das auch so!« zu sympathisieren. Glaubt uns einfach.

»Wir sind Teil dieser Welt«

Arthur Hackenthal

Ich bin Arthur, 24 Jahre alt. Ich bin Aktivist, setze mich viel für Inklusion, Barrierefreiheit und Leichte Sprache ein. Mein Hobby ist Harry Potter, von dem bin ich ein großer Fan. Und ich mag Superhelden. Als kleines Kind war ich erst bei einer Tagesmutter, dann in einer Kita. Einer meiner Erzieher war Feuerschlucker. Mit meiner Familie habe ich im fünften Stock gewohnt, ohne Fahrstuhl. Im Sommer haben wir immer auf der Terrasse geschlafen. Später in der Schule hatten wir zwei Lehrer. Wir hatten da so ein Fach, das hieß »Handfest«, da durfte ich immer ein anderes Kind mitnehmen. Da haben wir immer so eine Aktion gemacht. Wir haben sehr viele Klassenfahrten gemacht. Auf einer habe ich 46 Mückenstiche gekriegt.

Ich hatte eine Schulhelferin in der vierten bis sechsten Klasse. Aber es waren noch andere behinderte Kinder dort. Mit meinem Religionslehrer bin ich immer noch in Kontakt, der ist jetzt mein Rap-Lehrer. Ich mache auch Musik, Hip-Hop und Moderationen. Ich war immer im Fußballverein mit Nachbarn und meinem Bruder, und bei der Lebenshilfe. In der weiterführenden Schule waren wir drei Kinder mit Down-Syndrom. Eine davon ist jetzt meine Freundin. Seit zwölf Jahren sind wir zusammen. Wir hatten oft Unterricht nebenan mit dem Schulhelfer. Meine Schule war eine ganz normale Schule. Ich hab da auch Freund*innen ohne Behinderung gehabt. In der elften und zwölften Klasse war ich aber auch auf einer Förderschule für Hauswirtschaft. Da haben wir hauptsächlich Quiche gemacht, eigentlich nur. Auf der Schule hatte ich keinen Stein mehr im Brett (lacht).

Ich habe viele Praktika in Kitas, Küchen, in einem Seniorenheim und in einer Bibliothek gemacht. Ich war mal in einer Werkstatt, habe da aber gekündigt. Da haben ständig die Sozialarbeiter gewechselt, und dann wurde auch ein Praktikum von mir abgebrochen. Die haben mir so Steine in den Weg geworfen, das hat mich genervt. Jetzt habe ich ein Jahr lang bei den Special Olympics gearbeitet. Da habe ich E-Mails beantwortet und viele Dinge vorbereitet.

Richtig diskriminiert wurde ich nie. Aber es gab so einen Vorfall in der S-Bahn. Ich habe mich da abgegrenzt, ich konnte nichts machen. Ich habe einfach gesagt: »Lass sie reden.« Wenn so was passiert, dann schalte ich mein Gehirn aus. Ich versuche, es auszublenden und ziehe mich zurück, lasse es an mir abperlen. Ich vergesse es und dann sage ich es höchstens meiner Mutter oder jemand anderem, den ich gut kenne, und die geben mir dann Tipps, was ich machen könnte. In meiner Schule gab es auch mal einen Vorfall. Ein guter Freund von mir hat einen Anfall gekriegt und andere Schüler haben das gefilmt.

Meine Familie ist mir sehr wichtig. Meine Mutter wusste vor der Geburt, dass ich das Down-Syndrom habe. Die hat gesagt: »Ja, ich will das Kind haben.« Ich hatte erst eine Tagesmutter, zusammen mit meinem Bruder. In der Kita waren die Erzieher nett. Die wussten, wie ich bin. Meine Mutter hat denen gesagt, was ich brauche und was nicht. Durch meinen Herzfehler hatte ich eine Sonde, deswegen mussten die all mein Essen pürieren. Die haben sogar Pizza für mich püriert (lacht). Die Lehrer haben auch immer Leichte Sprache gesprochen.

Ich würde den Kindern heute wünschen, dass sie akzeptiert werden, so wie sie sind. Dass die Erzieher in der Kita wissen, was das für eine Behinderung ist, dass die sich auskennen. Auch die Lehrer. Die müssen Erfahrungen mit Leichter Sprache haben. Das macht es ja inklusiv. Das ganze Personal muss da mehr lernen, die müssen sich auch einmischen, wenn ein gemeiner Spruch kommt. Kinder mit Behinderung haben auch Rechte, die dürfen für sich einstehen, die müssen gehört werden. Die müssen verstehen, was das ist, Rechte haben. Das würde ich mir auch wünschen von den Eltern, dass sie ihre Kinder unterstützen und kämpfen für Gleichberechtigung. Ich würde mir wünschen, dass alle Akten im Amt in Leichter Sprache geschrieben werden. Und ich wünsche mir, dass es auch die Politiker-Papiere, Koalitionsverträge und so weiter in Leichter Sprache gibt. Dass alle Busse und Bahnen barrierefrei werden und auch die Deutsche Bahn. Man soll sehen, dass es uns auch gibt. Wir sind auch Teil dieser Welt. Wir müssen auch gehört werden.

3

ALLE ZUSAMMEN VON ANFANG AN

ZUSAMMENFASSUNG IN EINFACHER SPRACHE

3.1. Mit Kindern über Behinderung sprechen

Kinder reagieren meist sehr offen und direkt
auf behinderte Menschen.
Sie haben zum Beispiel Fragen an Erwachsene.
Kinder sagen einfach, was sie denken, oder lachen.
Sie verstecken ihre Gefühle nicht so oft
wie Erwachsene.
Diese Offenheit kann eine große Chance sein,
um mit Kindern über Behinderung zu sprechen.
Es ist aber sehr wichtig, dass es eine gute Begleitung
durch erwachsene Personen gibt.
Auch weil sich Kinder sehr viel an Erwachsenen
orientieren.
Zum Beispiel bei ihrem Verhalten oder ihrer Sprache.
Der Umgang mit Behinderung darf nicht
verschwiegen werden.
Es ist sehr wichtig, dass Kinder darüber
sprechen können.
Die Grundlage sollte immer sein, dass die
Verschiedenheit von Menschen etwas Gutes ist.
Behinderung sollte zum Beispiel nicht
als Krankheit erklärt werden.

Begegnungen miteinander sind sehr wichtig
für Kinder, um alles gut verstehen zu können.
Es ist aber auch wichtig, die Grenzen von
behinderten Menschen zu respektieren.
Diese Personen möchten sich nicht immer
erklären müssen.
Sie möchten nicht immer wieder über
Behinderung sprechen.
Für eine inklusive Gesellschaft ist es aber wichtig,
dass Behinderung kein Tabu ist.

Text in Schwerer Sprache → Seite 91

3.2. Inklusion in der Kita

In diesem Text geht es um Emma und Joel.
Sie sind Kinder, die in der Kita zusammen spielen.
Obwohl Joel in seiner Entwicklung langsamer ist,
haben sie viel Spaß und spielen zusammen.
In ihrer Kita sind Kinder mit und ohne Behinderung
willkommen.

ZUSAMMENFASSUNG IN EINFACHER SPRACHE

Die Erzieher*innen sorgen dafür, dass sich alle
Kinder wohlfühlen und zusammen spielen können.
Sie leben vor, wie man auf Augenhöhe
miteinander umgeht.
So lernen die Kinder: Alle Menschen sind
verschieden und das ist normal.
Erwachsene können den Kindern helfen:
Sie können mit ihnen über Verschiedenheit
sprechen und Fragen klären.
Es gibt auch viele Bücher über Vielfalt und
Behinderung.
Diese Bücher können eine Hilfe sein, um zusammen
über Unterschiede zu sprechen.
So lernen Kinder mit Unterschieden umzugehen
und niemanden auszugrenzen.
Es ist wichtig, die Stärken aller Kinder zu sehen.
So können Kinder miteinander lernen,
Freunde sein und sich besser verstehen,
egal welche Unterschiede es gibt.

Text in Schwerer Sprache → Seite 96

3.3. Inklusion in der Schule

Tina Sander hat mit anderen Eltern einen
Verein für inklusive Bildung gegründet.

In der Geschichte beschreibt sie,
wie eine inklusive Schule sein soll:

In einer inklusiven Schule sind alle Kinder
willkommen.
Es ist egal, wie verschieden sie sind.
Zum Beispiel ob mit oder ohne Behinderung,
ob reich oder arm.
Die Schule orientiert sich an dem,
was Kinder brauchen.
Der Unterricht ist so, dass alle mitmachen können.
Die Kinder lernen gemeinsam und unterstützen
sich gegenseitig.
Es gibt keine Ausgrenzung.
Die Schule hat einen festen Tagesablauf.
So können sich alle gut orientieren.
Die Lehrer*innen unterstützen alle Kinder so,
wie sie es brauchen.

ZUSAMMENFASSUNG IN EINFACHER SPRACHE

Aber es ist wichtig:

Die inklusive Schule braucht Unterstützung
von der Politik.
Nur Politik kann helfen, dass alle Schulen
inklusiv werden.

In einer inklusiven Schule können alle Kinder
wichtige Erfahrungen machen.
Es ist wichtig, dass die Gesellschaft alle Menschen
akzeptiert, so wie sie sind.

Text in Schwerer Sprache → Seite 103

3.4. Inklusive Freizeit

Der Text wurde von einer Schwarzen, deutschen,
alleinerziehenden, lesbischen Mutter geschrieben.
Judy Gummich schreibt über diskriminierende
Erlebnisse in der Freizeit.
Und dass es schwer ist, immer wieder
Freizeitmöglichkeiten zu organisieren, die nicht nur
aus Therapie bestehen.

Judys Tochter heißt Sina und hat das sogenannte Down-Syndrom.
Sie erzählt von Barrieren, Hindernissen und Diskriminierungserfahrungen.
Es war sehr schwer, Freizeitmöglichkeiten zu finden, bei denen nicht die Behinderung, die Hautschattierung oder andere Merkmale im Vordergrund standen.
Für Sina war zum Beispiel der Zirkus eine gute Möglichkeit, um sich angenommen zu fühlen und selbstbewusst zu werden.
Judy hat erst spät eine Gruppe gefunden, in der sie und ihre Tochter sich akzeptiert fühlten.
Es war eine Beratungs-Gruppe für Eltern von Kindern mit und ohne Behinderung.
Sie sagt: »Es sollte mehr Freizeitangebote geben, wo sich Kinder und Jugendliche mit und ohne Behinderungen begegnen können.«
Für eine diskriminierungsfreie Freizeit gibt es viele Dinge, die Judy aus ihrer Erfahrung wichtig findet.
Zum Beispiel:

→ Begegnungsmöglichkeiten von Kindern und Eltern mit und ohne Behinderung

ZUSAMMENFASSUNG IN EINFACHER SPRACHE

→ Orte, an denen Merkmale wie Behinderung, die Hautschattierung und andere nicht immer im Vordergrund stehen

→ Assistenzen, damit Freizeit nicht nur von den Eltern abhängig ist

→ Möglichkeiten, dass Unsicherheiten im Miteinander und Diskriminierungen offen angesprochen werden

→ Es braucht inklusive und selbstgewählte Orte und Aktivitäten.

Judy sagt: »Inklusion ist für mich, wenn wir uns begegnen können, ohne uns zu diskriminieren.«

Text in Schwerer Sprache → Seite 108

3.1. Wie spreche ich mit Kindern über Behinderung? REBECCA MASKOS

»Mama guck mal, so eine kleine Oma!«, ruft das Kind begeistert und zeigt auf mich. Mama ist peinlich berührt. Kleine Kinder reagieren fasziniert auf meine 90 Zentimeter Körpergröße. So klein wie sie selbst und doch erwachsen – wie kann das sein? Noch dazu sitzt dieser kleine Mensch in einem Rollstuhl. Das muss eine Oma sein! Weltweit lösen sichtbare körperliche Unterschiede Reaktionen bei Kindern aus: Starren, Lachen, Kommentieren, Fragen. Kinder sind dabei direkter und unverstellter als Erwachsene.

Auch die schauen hin, wenn ihnen ein ungewöhnlich aussehender Mensch begegnet, meistens aber eher heimlich. Einige Erwachsene haben viel Routine in der Begegnung mit menschlicher Vielfalt. Die meisten haben aber gelernt, ihre Emotionen zu überspielen. Sie wissen, dass es als unhöflich gilt, Fremde anzustarren oder ihnen private Fragen zu stellen. Kinder hingegen blicken und fragen anders als Erwachsene. Sie sind noch auf dem Weg, sich zurechtzufinden in einer vielfältigen Welt, wissen schlicht nicht, dass ungewöhnliche Körper dazugehören. Sie mögen es, sich mit anderen zu vergleichen und Unterschiede

WOW, WIR SIND UNS SO ÄHNLICH!

zwischen Menschen festzustellen. Ihre Neugier und Offenheit ist eine Chance, einen guten Umgang mit Behinderung und Vielfalt zu lernen – wenn dies von Erwachsenen gut begleitet wird. Denn Kinder orientieren sich am Verhalten und an der Sprache der Erwachsenen.

Für diese Begleitung gibt es kein allgemeingültiges Rezept. Ausgangspunkt sollte jedoch immer eine Haltung der Akzeptanz von Vielfalt sein: Es gibt große, kleine, alte, junge, dicke, dünne Menschen. Manche können laufen und manche nicht. Manche sprechen oder bewegen sich anders oder rufen laut. Es gibt Menschen mit unterschiedlichen Hautschattierungen, Augenfarben und -formen und verschiedenen Haarfarben. All das ist normal und gut. Kindern diese Botschaft immer wieder nahezubringen ist der Kern von Sensibilisierung. Meine Standardantwort auf Kinderfragen ist daher: »Es gibt große und kleine Erwachsene auf der Welt, und manche Menschen können nicht laufen. Ich bin klein und kann nicht laufen.« Den meisten Kindern reicht das völlig aus.

Genauso wertneutral sollten Erwachsene über Behinderung sprechen. Behinderte Menschen sind bei Weitem nicht alle »krank«. Kinder können sich nicht bei uns anstecken. Wir haben es nicht grundsätzlich schwerer im Leben, wir sind auch nicht immer traurig oder besonders tapfer. Behinderung ist einfach eine Tatsache. Man muss davor keine Angst haben. Als behinderte Menschen *sind* wir deshalb auch nicht grundsätzlich anders – wir *machen* Dinge einfach nur anders. Statt mit meinen Beinen zu laufen, fahre ich im Rollstuhl herum. Zum Hören benutze ich Hörgeräte, zum Sehen eine Brille. Vielleicht genau wie andere Erwachsene oder das Kind selbst. Gemeinsamkeiten zwischen Menschen hervorzuheben hilft, Vielfalt zu normalisieren. Vor allem auch in der Begegnung zwischen behinderten und nichtbehinderten Kindern, in der Schule, in der Kita, in der Freizeit: Vielleicht hat das Kind die gleiche Lieblingsfarbe oder auch immer ein Kuscheltier dabei, genauso wie das Kind in der Kita, das so oft hin- und herschaukelt. Erwachsene können auch an andere behinderte Menschen erinnern, die das Kind schon kennt – den Opa, der mit einem Stock läuft, den Freund der Eltern mit der Beinprothese, die sehbehinderte Nachbarin. So zeigen sie, dass Behinderung überall vorkommt.

Fragen die Kinder: »Was hat denn die Frau?«, sollten Erwachsene nicht über Diagnosen spekulieren. Ein offener Umgang mit Nichtwissen, ein »Ich weiß es nicht« ist völlig ausreichend. Es zeigt den Kindern, dass es okay ist, nicht alles bis ins letzte Detail zu verstehen, gerade wenn es um den Körper anderer Menschen geht. Erwachsene können Kindern in einer Begegnung mit einer behinderten Person wie mir aber zeigen, dass das Thema für sie etwas Selbstverständliches ist und kein Tabu. Kinder dürfen offen und direkt über Behinderung sprechen, auch wenn ein behinderter Mensch dabei ist. Vielleicht beziehen sie die behinderte Person auch in das Gespräch mit dem Kind ein oder ermutigen das Kind sogar, direkt auf sie zuzugehen. Es hängt von der Situation ab, ob dies gerade passt. Wirkt die behinderte Person interessiert, nimmt sie Kontakt zum Kind auf? Oder sieht sie eher gestresst aus, weil sie gerade keine Zeit hat oder keine Energie für den Kontakt mit dem Kind? Je nachdem kann es zu einer tollen Begegnung kommen – oder eben manchmal auch nicht. Erwachsene sollten hinschauen, wie es der behinderten Person dabei geht. Denn nicht jeder ungewöhnlich aussehende Mensch kann und will jederzeit Sensibilisierungsarbeit leisten. Die Verantwortung dafür liegt bei den Erwachsenen im Umfeld des Kindes.

Wie alle Menschen haben auch behinderte Menschen Grenzen. Genau wie Kinder, die oft selbst grenzüberschreitendem Verhalten anderer ausgesetzt sind. In der Begegnung mit behinderten Menschen können Kinder etwas über die Grenzen anderer Menschen und damit auch über eigene Grenzen lernen. Anschauen, interessierte Fragen stellen, all das ist ok — intensives Anstarren, Lachen, Anfassen oder Nachmachen nicht. Empathie, das Einfühlen in andere Menschen, ist eine komplexe Fähigkeit, die Kinder erst allmählich lernen. In der Begegnung mit behinderten Menschen haben sie eine Gelegenheit dazu. Erwachsene können fragen: »Wie ist es für dich, wenn andere dich anstarren?« Kinder können daraus auch mitnehmen, dass auch sie »Nein« sagen dürfen, wenn fremde Erwachsene ihnen Fragen stellen, über den Kopf streicheln oder über ihren Kopf hinweg über sie reden. Setzen sich Erwachsene bewusst über die Grenzen von Kindern oder behinderten Menschen hinweg, starren sie intensiv an, stellen ihnen private Fragen, kann dies — oft unbewusst — ein Ausdruck von Diskriminierung sein. Denn ableistisches und adultistisches ↗ Denken geht davon aus, dass die Privatsphäre von Kindern und behinderten Menschen weniger zählt als die von erwachsenen, nichtbehinderten Menschen.

Vielleicht weil mein Klein-Sein und mein Rollstuhl so viel Aufsehen bei Kindern erregen, strengt es mich manchmal auch an. Vor allem, wenn es viele Kinder gleichzeitig sind oder das Interesse besonders intensiv ist. Vielleicht auch, weil ich ohnehin viel angestarrt werde — gerade auch von Erwachsenen, die mich dadurch zur »Anderen« machen. Mich mit Kindern zu unterhalten macht mir trotzdem viel Spaß, und ich finde die Gespräche wichtig: Offen über Behinderung zu sprechen ist ein Schlüssel zu einer inklusiven Gesellschaft, und die fängt bei den Kindern an. Nebenbei bemerkt sind ihre Fragen an mich auch einfach lustig. Zum Beispiel: »Warum hast du so kleine Schuhe?« Oder: »Wann bist du so klein geworden?« »Willst Du es nicht mal probieren mit dem Laufen, wenn ich Dir dabei helfe?« Am liebsten zeige ich Kindern meinen Rollstuhl — wie er funktioniert, was man damit machen kann. Das finden die meisten sehr spannend und wollen sofort auch einen haben — zum Schrecken der Erwachsenen. Die Kinder und ich tauschen dann verschwörerische Blicke aus.

3.2. Inklusives Kita-Leben

NINA-KATHRIN JOYCE-FINNERN

In der Kuschelecke spielen Emma und Joel mit Kissen. Ein goldenes Kissen haben sie zum »Schatz« erklärt, den sie verstecken und im bunten Kissenhaufen immer wieder suchen und finden. Joel ruft »Ich habe den Schatz gefunden!« Dass dies nicht das goldene Schatz-Kissen ist, nimmt Emma gelassen: »Okay, dann ist das Kissen jetzt auch ein Schatz«, sagt sie und das Suchspiel wird einfach erweitert. Joel und Emma haben unterschiedliche Ideen, doch sie beziehen sich aufeinander, schaffen geteilte Bedeutungen und haben Spaß. Dass Joel in seiner Entwicklung verzögert ist, hindert die beiden Kinder nicht daran. Kinder in der Kita lernen voneinander und machen Erfahrungen mit sozialer Vielfalt. Inklusion ist für sie ganz normal.

In der Kita von Emma und Joel ist die gemeinsame Bildung, Erziehung und Betreuung von Kindern mit und ohne Behinderung schon seit vielen Jahren gelebte Praxis — alle Kinder sind willkommen. Die Kita arbeitet aktiv daran, Barrieren innerhalb der Einrichtung abzubauen, damit die Teilhabe aller gelingen kann. Sie folgt damit dem Grundgedanken der Inklusion. Die Kita ermöglicht allen Kindern, miteinander in Kontakt zu kommen, sich wohlzufühlen und sich gut zu entwickeln. Die pädagogischen Fachkräfte sorgen dafür, dass sich jedes Kind in die täglichen Rituale und Abläufe einbringen kann, zum Beispiel beim Morgenkreis oder beim Vorbereiten der Mahlzeiten. Sie sprechen alle Kinder — unabhängig von deren Fähigkeiten — als eigenständige und handlungsfähige Persönlichkeiten an, sie gestalten Angebote und Strukturen so, dass alle Kinder mitmachen können, und stellen dabei die Stärken und Interessen der Kinder in den Vordergrund. Die Kinder erfahren Wertschätzung, und dass sie zur Kita-Gemeinschaft dazugehören.

Alle Kitas, egal ob sie Kinder mit Behinderungen aufgenommen haben oder nicht, können eine inklusive Haltung haben. Dazu gehört vor allem eine Offenheit, sich auf die individuellen Bedürfnisse der Kinder einzulassen. Das kann ganz pragmatisch sein: eine Rampe, ein Gespräch mit den Eltern, wie die Kinder ganz praktisch im Alltag unterstützt werden können, oder das Entzerren von Gruppensituationen, damit Kinder, die dies brauchen, mehr Ruhe bekommen. Dabei können sich die Mitarbeiter*innen auch Unterstützung durch Kita-Fachberatungsstellen holen.

Sehr früh wird Kindern bewusst, dass Menschen verschieden sind. Sie erfahren, dass bestimmte Merkmale gesellschaftlich unterschiedlich bewertet werden. Von Behinderung haben Kita-Kinder noch keine feste Vorstellung. Sie erkennen jedoch, dass manche Kinder im Vergleich zu Gleichaltrigen andere motorische, geistige, sprachliche oder soziale Fähigkeiten haben, dass sie andere körperliche Voraussetzungen haben oder Hilfsmittel nutzen. Sie erleben, dass manche Kinder verstärkt Unterstützung durch Erwachsene erhalten, zum Beispiel durch eine persönliche Assistenz in der Kita. Das hat Auswirkungen auf ihren Umgang untereinander.

Erste Ansätze von Empathie zeigen bereits Kleinkinder. Die Emotionen von anderen zu verstehen und sich in andere hineinzuversetzen, lernen sie aber erst allmählich. Voraussetzung dafür ist, dass sich Kinder zunächst selbst als eigenständige Wesen begreifen. Kleinkinder können sich dann unter anderem im Spiegel wiedererkennen. Sie lernen nach und nach, sich selbst anhand von Kategorien (wie Kind oder Junge) oder von Merkmalen (wie Augenfarbe oder ihrem Lieblingsspiel) zu beschreiben. In der Kita hört man häufig, wie sich Kinder miteinander vergleichen: »Ich mag Käse und du nicht. Wir haben beide eine Spiderman-Brotdose.« Kinder lieben es, sowohl Unterschiede als auch Gemeinsamkeiten zwischen sich und anderen zu entdecken.

Sie lernen in diesem Alter auch die Bewertungen und Vorurteile der Erwachsenenwelt kennen, die mit Identitätsmerkmalen wie Geschlecht, Herkunft, Familienkonstellation sowie Sprache, Religion und Behinderung verbunden sind. Vorurteile werden über Medien, ihre Familien, das soziale Umfeld und auch über die Kita an sie herangetragen. Im alltäglichen Umgang mit diesen Identitätsmerkmalen orientieren sich Kinder stark daran, wie Erwachsene sich verhalten und wie sie über diese sprechen.

Die pädagogischen Fachkräfte spielen eine besondere Rolle für das Gelingen von Inklusion in der Kita. Erfahrungen, die Kinder in ihrer Kita machen, sind prägend für ihre Sicht auf Behinderung. Je nachdem, was die Kinder erleben, zeigen sie eher Akzeptanz oder eher ablehnende Haltungen gegenüber Kindern mit Behinderungen. Pädagogische Fachkräfte können dafür sorgen, dass Kinder mit Behinderung nicht ausgegrenzt werden, indem sie die Kinder dabei unterstützen, sich miteinander zu verständigen, und indem sie sich klar gegen diskriminierendes Verhalten positionieren.

Mit Kindern über das Thema Behinderung zu sprechen ist wichtig, aber in Kitas nicht selbstverständlich. Aus Unsicherheit und aus der Sorge heraus, Kinder mit Beeinträchtigung zu stigmatisieren, wird die Thematik häufig gemieden. Es ist jedoch notwendig, darüber zu sprechen, damit Kinder ein Verständnis für andere Lebenswirklichkeiten entwickeln können. Es kommt darauf an, wie über Behinderung gesprochen wird. Kita-Kinder haben kaum sprachliche Mittel, um die von ihnen wahrgenommenen Unterschiede zu benennen. Sie orientieren sich an der Sprache der pädagogischen Fachkräfte und nutzen Ausdrücke wie »Der muss das noch lernen« oder »Sie braucht noch Hilfe«, die auch die Erwachsenen nutzen, um Unterschiede zu beschreiben. Oder die Kinder greifen auf vertraute Begriffe zurück und bezeichnen Kinder mit Behinderung als »Babys«. Um einzelne Kinder nicht auf ihre Beeinträchtigung oder ihren Hilfebedarf zu reduzieren, ist es notwendig, sehr bewusst zu überlegen, was genau den Kindern mit welchen Worten vermittelt werden soll.

Manche körperlichen Beeinträchtigungen kann man sehen. Beeinträchtigungen, die die geistige oder sozial-emotionale Entwicklung von Kindern betreffen, sind dagegen schwerer zu »fassen«. Pädagogische Fachkräfte äußern häufig, dass es ihnen schwerer fällt, diese Formen von Beeinträchtigung angemessen zur Sprache zu bringen. Die betroffenen Kinder werden jedoch ohnehin durch Zuschreibungen der Erwachsenen sichtbar (gemacht). Beispielsweise wenn ein Kind mit Behinderung im Gruppenalltag zu den »Kleinen« der Gruppe gezählt wird, obwohl das Kind eigentlich zu den ältesten Kindern bzw. Vorschulkindern gehört. Mit solchen Kategorien sind häufig unbewusste Bewertungen verknüpft, die dann in die Kindergruppe hineinwirken. Dies geschieht auch durch eine gedankliche oder sprachliche Trennung der Kindergruppe in »Regelkinder« und »Förderkinder«, die der Idee der Inklusion im Grundsatz widerspricht. Sichtbar werden Kinder mit Behinderung für die Kindergruppe auch durch besondere Strukturen wie die alltägliche Begleitung durch eine persönliche Assistenz.

Wertschätzend über die Behinderung eines Kindes zu sprechen, bedeutet, die individuelle Situation des Kindes und bestehende Barrieren für die Teilhabe des Kindes im Alltag zu thematisieren, statt Defizite in den Vordergrund zu stellen. Der Dialog mit den Kindern sollte auf Augenhöhe stattfinden und vermitteln, dass Menschen zwar verschieden, aber gleichwürdig sind. Erwachsene sind gefordert, eine kindgerechte Sprache zu finden, die von der Lebenswelt der Kinder ausgeht. Deshalb ist es wichtig, sich auf die Sichtweisen der Kinder einzulassen und ihnen zuzuhören.

Zum Beispiel, wenn es um problematisches Verhalten geht: Ein Kind zieht anderen Kindern seiner Gruppe an den Haaren. Die wiederum beschweren sich darüber. Bei Verhaltensweisen, die andere verletzen, müssen pädagogische Fachkräfte klare Grenzen setzen. Gleichzeitig hilft es, das Verhalten für die Kindergruppe nach Möglichkeit zu »übersetzen«. Wenn das gelingt, wird das

NINA-KATHRIN JOYCE-FINNERN

ist Fachberaterin der Stadt Bremen für den Bereich Inklusion in der Kita. Davor war sie wissenschaftliche Mitarbeiterin im Bereich Erziehungswissenschaft an der Universität Paderborn und hat an der Universität Bremen zum Thema »Vielfalt im Kindergarten« promoviert.

betreffende Kind in seinen Bedürfnissen besser wahrgenommen und muss anderen vielleicht nicht mehr an den Haaren ziehen. Die Erwachsenen können versuchen, zusammen mit den Kindern herauszufinden, was das Kind mit seinem Verhalten zum Ausdruck bringen oder bewirken möchte. Bei einem Kind, das nicht verbal spricht und deshalb nicht erzählen kann, warum es anderen an den Haaren zieht, lässt sich dies nicht immer klären. Dennoch ist auch ein unerwünschtes Verhalten wie »Haare ziehen« für das betreffende Kind eine sinnhafte Form, sich mitzuteilen. Vielleicht möchte es sagen: »Komm mir nicht so nah, ich brauche Raum für mich.« Oder: »Ich möchte mitspielen.« Vielleicht zeigt die Situation auch, dass es etwas ganz anderes ist.

Pädagogische Fachkräfte können mit den Kindern außerdem über verschiedene Ausdrucks- und Kommunikationsformen sprechen: Welche Sprachen — verbal und nonverbal — kennen die Kinder, welche nutzen sie selbst? Auf diese Weise wird der Blick der Kinder geöffnet für die vielfältigen Möglichkeiten, sich mitzuteilen und zu verständigen. Es kann für alle hilfreich sein, das Sprachangebot in der Kita zu erweitern — etwa durch den Einsatz von gebärdenunterstützter Kommunikation (GUK) oder durch visuelle Symbole (zum Beispiel Metacom), die die Sprache begleiten.

Pädagogische Fachkräfte sollten einen Vergleich zwischen den Kindern vermeiden. Stattdessen können sie individuelle Lernfortschritte würdigen. Dies folgt dem Grundgedanken der Pädagogin Annedore Prengel: »Jedes Kind ist auf seiner Stufe kompetent.« Im Gespräch mit Kindern sollte der Blick darauf gerichtet werden, was ein Kind kann, welche Stärken und Interessen es hat, wie es sich in die Kindergruppe einbringt, in welchen Situationen es auf Hilfe angewiesen ist und in welchen nicht. Kinderbücher und Materialien zu sozialer Vielfalt und Behinderung können dabei behilflich sein.

Eine Liste mit Tipps für inklusive Kinderbücher und Spielmittel findet ihr hier

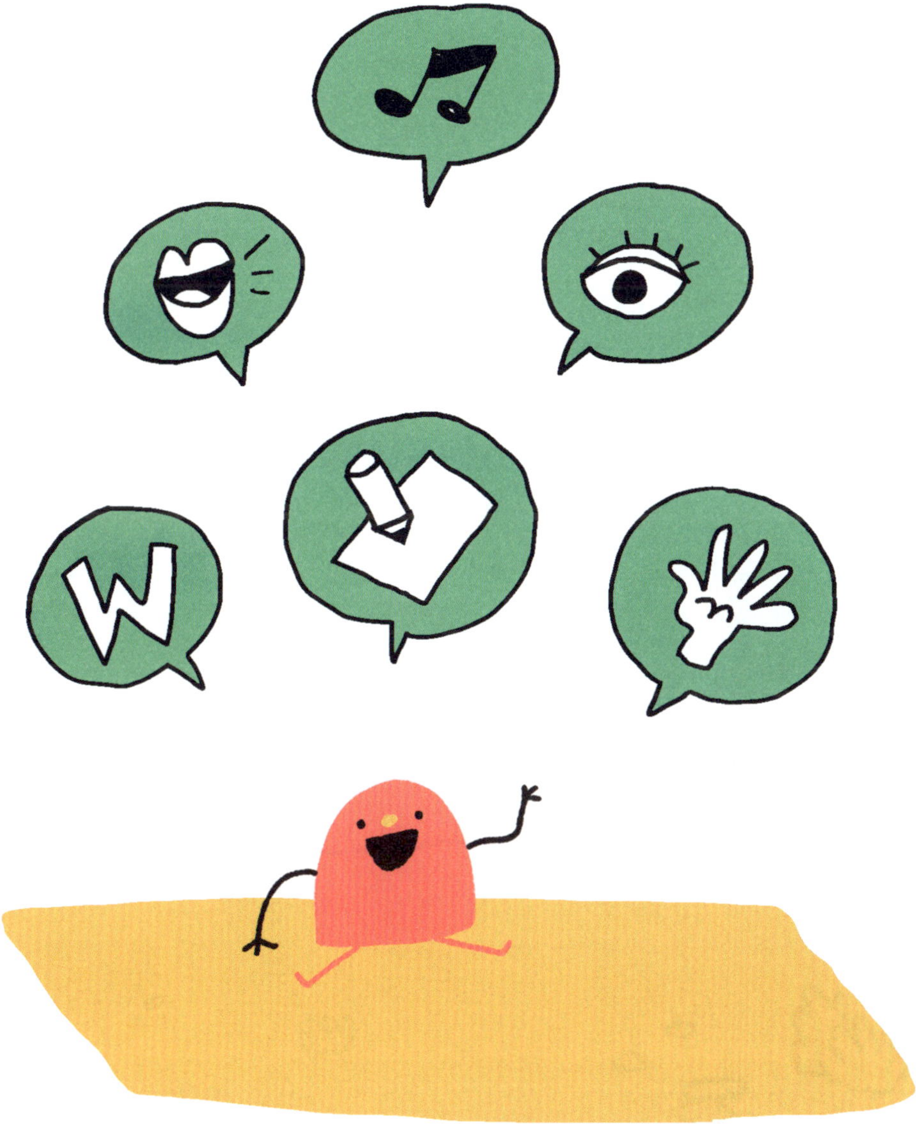

SCHULE

3.3. Inklusion in der Schule

TINA SANDER

Die inklusive Schule fühlt sich für alle Kinder in ihrem Umkreis verantwortlich. Sie versteht, dass die Kinder im Viertel die Kindergesellschaft vor Ort bilden — alle, die da sind. Sie schließt kein Kind von dieser Kindergesellschaft aus, indem sie sagt: »Du bist zu behindert für unsere Schule. Du musst woanders als die Nachbarskinder zur Schule gehen.«

Die inklusive Schule nimmt die Herausforderung an, dass ihre Kinder unter ganz unterschiedlichen Voraussetzungen leben. Das betrifft nicht nur das Merkmal Behinderung: Ihr sind Kinder willkommen, die die deutsche oder eine andere Muttersprache sprechen, Kinder aus armen und Kinder aus reichen Familien. Die Liste lässt sich fortsetzen. Die inklusive Schule weiß, dass die Bewältigung und Annahme dieser Vielfalt immerwährende Aufgaben sind, die nie erledigt sein werden. Sie fragt immer wieder aufs Neue: Wie schaffen wir das gemeinsam?

Wie die inklusive Schule genau aussieht, hängt von den Bedürfnissen der Kinder ab, die da sind. Nicht jede inklusive Schule muss gleich aussehen. Die inklusive Schule findet Antworten auf die Frage: Was brauchen diese Kinder, um sich in unserer Schule zurechtzufinden? Das können Rampen und Aufzüge sein, taktile Leitsysteme, Farben, die Orientierung geben, höhenverstellbare Tische, Sitzsäcke, ein Bad mit Pflegeliege — oder vielleicht etwas ganz anderes.

Die inklusive Schule weiß, dass die »Gründung der Gruppe« für jede neue Klasse die erste und wichtigste Aufgabe ist: Das schafft einen Raum, in dem sich alle Kinder willkommen und sicher fühlen. Alle, die da sind. Sie weiß, dass das nicht von allein passiert, sondern gemeinsam erarbeitet werden muss.

In der Klasse meiner Tochter war ein Junge mit schwerer Epilepsie. Er hatte häufig dramatische Anfälle, die manche der Mitschüler*innen ängstigten. Einige wollten nicht mehr neben ihm

TINA SANDER

gründete 2006 gemeinsam mit anderen Eltern behinderter Kinder in Köln den Verein mittendrin e. V., der sich für inklusive Bildung einsetzt. Sie hat eine Tochter mit Down-Syndrom und einen Sohn ohne Behinderung, die beide mit der Schule fertig sind.

sitzen. In den morgendlichen Klassenbesprechungen kam das Problem zur Sprache: Es stellte sich heraus, dass einige Kinder Sorge hatten, sich »anzustecken«. Es stand kein böser Wille hinter ihrem Rückzug — es hatte ihnen einfach noch nie jemand erklärt, was Epilepsie ist — und dass man sich damit nicht anstecken kann. Als das einmal geklärt war, war das Thema vom Tisch.

Der Schultag an einer inklusiven Schule folgt einem Rhythmus aus gemeinschaftlichen Aktivitäten und individuellem Lernen. Das kann die morgendliche Runde zu Beginn des Schultages sein, die Einführung in ein neues Thema durch Vorträge, Bilder, Videos oder tastbare Modelle. Das physikalische Experiment mit der ganzen Klasse — oder der Bau der Berliner Mauer im Klassenzimmer mit Pappkartons.

Wenn die individuelle Lernzeit beginnt, gibt es nicht nur ein Arbeitsblatt für alle — sondern unterschiedliche Angebote: Schwere Texte und Texte in Einfacher Sprache, Texte in Brailleschrift oder digitale Textformate, die vom Screenreader vorgelesen werden. Arbeitsblätter zur Berechnung des Volumens geometrischer Körper genauso wie Material, um Würfel, Zylinder oder Kugeln zu bauen — oder eine Kugelbahn, um das Verhalten unterschiedlicher Körper darauf zu untersuchen: Warum rollt die Kugel, aber nicht der Würfel?

Die Lehrer*innen schaffen so eine Lernumgebung, die verschiedene Zugänge ermöglicht. Sie erwarten nicht, dass alle Kinder zur gleichen Zeit das Gleiche tun und lernen. Die Klassen oder Lerngruppen werden neben den Lehrer*innen von weiteren Personen unterstützt: Diese Schulbegleiter*innen »kleben« nicht am Kind mit Behinderung, sondern helfen da, wo es nötig ist. Sie sind Teil des Teams und der Schulgemeinschaft, haben eine pädagogische Ausbildung, sind bei Konferenzen und anderen wichtigen Besprechungen dabei. Sie sind für die Kinder der ganzen Klasse da. Für alle, die da sind.

Die inklusive Schule braucht die Bildungspolitik in ihrem Rücken: eine Politik, die sich unmissverständlich zur inklusiven Schule bekennt, die einen Plan hat, wie alle Schulen zu inklusiven Schulen werden. Eine Politik, die Schulen und ihren Lehrer*innen einen Rahmen schafft, damit sie gut inklusiv arbeiten können. Eine Politik, die es ernst meint mit dem Menschenrecht auf inklusive Bildung, die bei Herausforderungen und Problemen nach Lösungswegen sucht — und nicht nach Hintertüren, um sich vor der Aufgabe zu drücken.

Die Politik stimmt bei Abwehr gegen die inklusive Schule nicht in den Chor ein. Sie stellt klar, dass alle, die da sind, das gleiche Recht dazu haben. So wächst sich die Abwehr gegen die inklusive Schule langsam aus: mit jedem Jahrgang, der Inklusion in der Schule selbst erlebt hat. Kinder haben ein unglaublich großes Talent zu Solidarität und dem Umgang mit Vielfalt. Man muss es ihnen nur vorleben und sie dabei unterstützen.

Als meine Tochter mit Down-Syndrom in die erste Klasse kam, war sie weit vom Entwicklungsstand der nichtbehinderten Mitschüler*innen entfernt. Es war für sie eine große Herausforderung, mit 25 Kindern dem Trubel im Klassenraum zu folgen. Die ersten Schulwochen verbrachte sie häufig flach auf den Boden gedrückt unter ihrer Sitzbank. Doch Tag für Tag, Zentimeter für Zentimeter verließ sie ihren »Unterschlupf« ein wenig mehr und beteiligte sich am Geschehen.

Das gelang ihr, da die Lehrer*innen den Schulalltag mit wiederkehrenden Ritualen strukturierten, die ihr Sicherheit gaben, und die Mitschüler*innen eine unglaubliche Achtsamkeit für ihre Bedürfnisse

entwickelten und ihr dabei halfen. Und so lernte sie später auch lesen und schreiben und vieles mehr.

Den ersten Ausflug der ganzen Klasse, zu dem auch die Eltern eingeladen waren, werde ich nie vergessen: Die Kinder spielten in einer Höhle und schrien laut aus Freude am Echo. Meine geräuschempfindliche Tochter warf sich weinend und schreiend zu Boden. Bislang musste ich in ähnlichen Situationen den anderen Kindern immer mühsam erklären, warum sie sich »so komisch« verhielt. Für alle eine quälende Situation. Doch dieses Mal nicht: Eine Mitschülerin ordnete ihr Verhalten sofort richtig ein: »Hey Leute, P. hat Angst, weil wir so laut schreien, seid alle mal kurz ruhig! P., komm, gib mir deine Hand, ich bin bei dir.« Und das war's. Kein Erwachsener hatte sich eingemischt. Die Kinder hatten einen Weg gefunden, zusammen Spaß zu haben und alle miteinzubeziehen. Diese Fähigkeit hatten sie in den ersten Monaten ihrer gemeinsamen Schulzeit bereits entwickelt.

Was ich mir also wünsche? Schulen, die Kindern genau diese Erfahrungen ermöglichen. Lehrer*innen, die NICHT sagen: »Das Kind ist in einer ›normalen‹ Klasse überfordert, es braucht den Schutzraum einer Sonderschule. Da sind die Klassen klein und es gibt mehr Personal.« Sondern die fragen: »Was braucht dieses Kind hier an unserer Schule, um die große individuelle Herausforderung zu meistern? Wo und wie können wir unterstützen?«

So bestärkt die inklusive Schule auch Eltern darin, ihren Kindern mit Behinderung wichtige Erfahrungs- und Entwicklungsräume zuzugestehen. Sie ermutigt sie darin, loszulassen und eigene Ängste zu überwinden. Denn nur so lernen Kinder mit Behinderung, sich in der Gesellschaft und in dieser Welt sicher und selbstverständlich zu bewegen. Und die Gesellschaft lernt, dass sie aus allen diesen ganz unterschiedlichen Menschen besteht: aus allen, die da sind.

ALLE BRAUCHEN WAS ANDERES!

WER BRAUCHT WAS?

3.4. Freizeit für alle?

JUDY GUMMICH

Diesen Text schreibe ich aus meiner Perspektive als Schwarze Deutsche und als alleinerziehende, (frei-)berufstätige und lesbische Mutter einer Tochter mit sogenanntem Down-Syndrom. Es geht um Erfahrungen, die zeigen, dass behindert zu werden viele Facetten haben kann, die Einfluss auf das Leben mit einem behinderten Kind nehmen können, und einige Anregungen, wie eine inklusive(re) Freizeitgestaltung aussehen kann.

Ich lebe mit meiner heute 33-jährigen Tochter allein, eigentlich schon von Anfang an. Mittlerweile braucht sie 24 Stunden am Tag eine Person an ihrer Seite. Und das bin meistens ich, als de facto Alleinverantwortliche, (Teil-)Berufstätige, ohne Partnerschaft oder familiäres Netz. Für mich bedeutet das, dass für mich selbst kaum ein Zeitfenster für eigene Freizeitaktivitäten bleibt, für eigene, von Sina unabhängige soziale Kontakte und leider auch für mein aktivistisches Engagement in Schwarzen, Frauen-/Lesben- und/oder Behindertenrechts-Zusammenhängen.

Als Sina zur Welt kam, war mein erster Gedanke:
»Wie soll ich das schaffen als Schwarze Frau mit einem behinderten Kind in diesem Land?« Sinas Vater ist *weiß* und auch Sina wird *weiß* gelesen — sie wird oft gar nicht mit mir in verwandtschaftliche Verbindung gebracht. Bis heute werde ich oft nicht als Sinas Mutter angesprochen.

Als kleines Kind hatte Sina viele Therapien. Es gab also wenig Zeit für andere Aktivitäten. Freizeitgestaltung erwies sich dadurch auch als strukturelles Zeitproblem. Umso wichtiger wäre zum Beispiel eine inklusive Spielgruppe gewesen — für sie, aber auch für mich und den Kontakt zu Eltern mit nichtbehinderten Kindern. Eine Gruppe, die offen für alle Kinder ist, habe ich damals aber auch nach intensiver Suche nicht gefunden. Letztendlich besuchte Sina eine Spielgruppe in einer therapeutischen Einrichtung mit Kindern mit verschiedensten kognitiven und komplexen Beeinträchtigungen. Im Vordergrund stand dort Therapie und nicht einfach Spielen und Zusammensein.

In der Kita — einem Elterninitiativ-Kindergarten — war Sina das erste und einzige behinderte Kind, und ich das erste und einzige Schwarze und einzige lesbische Elternteil. Die meisten Eltern waren insgesamt eher skeptisch. Sina wurde seltener als andere Kinder zu Kindergeburtstagen eingeladen, und nur einige wenige Eltern haben sie auch mal mit zu sich nach Hause genommen. Es war offensichtlich: Der (Nicht-)Kontakt der Kinder untereinander außerhalb der Kita lag an den Eltern.

Die Schulzeit war hinsichtlich ihrer Freizeitmöglichkeiten eine gute Erfahrung. In Berlin besuchte Sina eine von Offenheit geprägte Integrationsschule und später integrative Oberschule. Für die Nachmittage wechselte sie nach der Grundschulzeit von einem integrativen in einen progressiven, inklusionsorientierten Hort, der allerdings weiter von der Schule entfernt war. In der Schule und im Hort kamen Kinder mit und ohne Behinderung und mit unterschiedlichsten migrantischen Wurzeln, Schwarze Kinder und Kinder of Color zusammen. Es entwickelten sich einige Freundschaften und Sina traf sich selbstverständlich auch mit anderen Kindern, verbrachte Freizeit mit ihnen und in ihren Familien, fuhr mit auf Schul- und Hortreisen und wurde zu etlichen Geburtstagen eingeladen.

Seit Sina 18 ist, reitet sie einmal wöchentlich in einem therapeutischen Reitzentrum. Als Jugendliche besuchte sie zudem einmal die Woche einen inklusiven Malkurs. Parallel dazu ist Sina seit ihrer Jugendzeit auch ein- bis zweimal die Woche mit Assistentinnen unterwegs. Sie gehen gemeinsam spazieren, treffen sich mit deren Freund*innen, machen Yoga, gehen ins Kino, auf Konzerte oder shoppen, spielen oder malen zusammen oder chillen einfach. Diese Einzelbegleitung ist wichtig und anregend, das für Inklusion so wichtige Gefühl von Zugehörigkeit kann sich aber erst in Gruppen wirklich entfalten.

Als Jugendliche und junge Erwachsene war Sina Mitglied in einem Zirkusprojekt. Die meisten Artist*innen hatten wie sie das Down-Syndrom. Mit engagierten Zirkuspädagog*innen und eigens entwickelten Methoden haben sich alle dort artistisch und persönlich unglaublich stark entwickelt. Es wurde auf ihre jeweiligen Persönlichkeiten eingegangen, ihre Stärken wurden gefördert und dadurch auch ihr Selbstwertgefühl und Selbstbewusstsein gestärkt. Und: Ich musste nicht dabei sein(!), wie sonst so oft bei Freizeitaktivitäten. Es gab Aufführungen, später teils gemeinsam mit nichtbehinderten Artist*innen. Neben dem wöchentlichen Zirkustraining gab es gelegentliche Intensiv-Trainings-Wochenenden und gemeinsame Reisen. Die Artist*innen wuchsen zu einer wichtigen Peer-Gemeinschaft zusammen. Da waren Leute, die ähnlich tickten wie Sina, mit ähnlichen Erfahrungen. Sie sind in Discos gegangen und haben zusammen gefeiert. Es war ein eher exklusiver, aber empowernder Raum. Sie erlebte dort Verständnis, Zugehörigkeit, Erholung und Stärkung vor allem auch in ihrer Identität als junger Mensch mit Down-Syndrom.

Insgesamt bleibt es eine ziemliche Herausforderung, alle gewünschten und möglichen Freizeitaktivitäten unter einen Hut zu bekommen, sowohl von den zeitlichen Möglichkeiten wie auch bezüglich Organisation und Finanzierung der Begleitung zu Aktivitäten.

Eine wichtige Rolle für die Freizeitgestaltung haben Selbstorganisationen von Eltern behinderter Kinder. Im Vorschulalter von Sina hatte ich zum Beispiel eine Elterngruppe von Familien mit Kindern mit Down-Syndrom gefunden. Dort war ich dann die einzige Schwarze, die einzige Alleinerziehende, die einzige Lesbe. Da habe ich keinen

Platz gefunden. Eine ähnliche Erfahrung hatte ich mit einer Elterngruppe in Berlin. Ich habe mir die Frage gestellt und stelle sie mir auch heute noch: Was bin ich bereit für mein Kind hinzunehmen? Was kann ich — noch — ertragen? Wo ist eine Grenze, damit es mir noch gut geht, auch als Voraussetzung, damit es Sina gut gehen kann? Diskriminierungsbewusste Räume, in denen nicht ausschließlich Behinderung, Schwarzsein, Frausein oder Ähnliches im Fokus stehen, sind so gut wie nicht vorhanden. Aber das sind genau die Orte, die ich mir wünsche. Einen solchen Wohlfühlort fanden wir beide im Verein »Eltern beraten Eltern von Kindern mit und ohne Behinderung«. Ich fühlte mich mit Sina dort von Anfang an akzeptiert und willkommen. Es gab unter anderem zwei lesbische Elternpaare, Eltern bzw. Angehörige mit Migrationsgeschichte und verschiedenste Aktivitäten für, mit und auch ohne den jungen behinderten Menschen.

Schon auf dem Spielplatz konnte ich beim Zusammenspielen der Kinder erkennen, welche die Chance hatten, in einer integrativen Einrichtung aufzuwachsen. Es gab keine Unsicherheiten im Umgang miteinander. Sie spielten entsprechend der Möglichkeiten von Sina miteinander oder zeigten auch deutlich, wenn sie keine Lust hatten — wie eben mit anderen Kindern auch. Kinder, die diese Möglichkeiten nicht hatten, standen oft ratlos und unsicher vor Sina — ebenso wie ihre Begleitpersonen. Durch segregierende Strukturen lernen wir nicht, selbstverständlich und ohne Berührungsängste mit Unterschiedlichkeiten umzugehen.

Es braucht Ermutigung Unsicherheiten zu benennen — von Eltern, Angehörigen und Bezugspersonen nichtbehinderter Kinder, aber auch von Pädagog*innen. Nicht benannte Unsicherheiten führen oft zum Rückzug und reproduzieren und verstärken somit segregierende Strukturen. Über Unsicherheiten zu sprechen ist eine Voraussetzung, um gemeinsam Lösungen und Wege für ein akzeptierendes, diskriminierungsbewusstes Miteinander zu finden. In Kitas, Schulen,

JUDY GUMMICH

ist Trainerin und Ausbilderin, Prozessberaterin und systemische Coach mit Fokus auf Menschenrechte, Inklusion und Diversity. Seit ca. 35 Jahren engagiert sie sich in unterschiedlichen Kontexten zu Belangen der afrikanischen Diaspora in Deutschland, zu geschlechtlicher und sexueller Vielfalt, zu Menschen mit Behinderungen sowie zu intersektionalen Lebensrealitäten und Diskriminierungen.

Freizeiteinrichtungen, Jugendzentren, verschiedensten Elternorganisationen, aber auch im privaten Umfeld können Begegnungen ermöglicht und Berührungsängste abgebaut werden. Und wichtig dabei: Es muss nicht fehlerfrei und perfekt sein. Alle sollten die Möglichkeit haben, mit verschiedensten Menschen umzugehen — behinderte und nichtbehinderte Kinder genauso wie deren Eltern und Angehörige.

Wichtig für eine inklusive Freizeitgestaltung ist, nicht ausschließlich das behinderte Kind, sondern auch dessen Umfeld zu beachten. Es macht einen Unterschied, ob das Kind in einer Familie, in einer Einrichtung oder bei einem alleinerziehenden Elternteil aufwächst, ob die Eltern bzw. Bezugspersonen trans*, Schwarz, migriert oder selbst beeinträchtigt sind. Dann braucht es andere, zusätzliche Möglichkeiten wie flexiblere und kurzfristige Betreuungsmöglichkeiten für Alleinerziehende, Austauschgruppen für lesbische und/oder Schwarze Eltern und Ähnliches mehr. Das beste Freizeitangebot nützt nichts, wenn es zum Beispiel aufgrund fehlender Begleitung nicht wahrgenommen werden kann oder aufgrund diskriminierender Erfahrungen nicht in Anspruch genommen wird. Als alleinverantwortliche Schwarze lesbische Mutter und Diversity-Trainerin versuche ich immer wieder, das Bewusstsein für Vielfalt und die unterschiedlichsten Lebensbedingungen und -wirklichkeiten zu stärken. Denn die eigene Haltung beeinflusst das eigene Handeln und den Kontakt mit anderen Menschen.

Ein diskriminierungsfreies oder zumindest diskriminierungsbewusstes Miteinander zu ermöglichen, das bedeutet Inklusion für mich. Dies schließt für mich auch eigene, selbstgewählte Räume auf Peer-Ebene ein, zum Beispiel für Eltern und Angehörige behinderter Kinder, für Menschen mit Down-Syndrom, für taube Jugendliche, für Schwarze Angehörige behinderter Kinder. Als Schwarze lesbische Aktivistin weiß ich aus eigener Erfahrung, wie wichtig solche Empowerment-Räume sind. Und als Inklusionsverfechterin weiß ich: Es geht nicht um ein Entweder-oder, sondern um ein Sowohl-als-auch. Es braucht selbst gewählte, empowernde Peer-Räume *und* inklusive Alltagsrealitäten, auch im Freizeitbereich.

»Was braucht ihr?«
Ninia LaGrande

Ich bin Ninia, ich bin 1983 geboren und arbeite als Moderatorin und Autorin. Ich mache alles, was mit Worten zu tun hat. Mit meiner Familie lebe ich im wunderschönen Hannover. Ich bin Mama von einem Kind und ich bin kleinwüchsig. Wenn ich an meine Kita- und Schulzeit denke, habe ich eigentlich immer komplett dazugehört. Das nenne ich oft Glück, dabei dürfte es darauf natürlich eigentlich nicht ankommen. Klar, ich habe auch blöde Sprüche hören müssen wegen meiner Kleinwüchsigkeit, aber nie innerhalb meiner Kita oder meiner Klasse.

Im Gegenteil, ich war Klassensprecherin und durfte sogar das Klassen-Maskottchen auf dem Klassenfoto tragen (lacht). Umi, der Bär, war quasi so groß wie ich, bei der Einschulung war ich 96 cm lang. Ich war durchgehend bis zum Abi in der Theater-AG und habe immer die weibliche Hauptrolle gespielt — und zwar nicht die weibliche Hauptrolle, die klein ist, sondern einfach die weibliche Hauptrolle. Das war sehr prägend für mich. Ich bin glücklich, dass das so gut lief. In der Schule und in der Klasse habe ich mich immer wohlgefühlt.

Das war alles nicht selbstverständlich, denn eigentlich sollte ich auf die Sonderschule. Meine Eltern konnten das aber nicht verstehen und sagten: »Sie ist doch einfach nur kleiner.« Sie haben mich an der Regelgrundschule angemeldet. Sie sind dann dahin und fragten: »Wie können wir das machen?« Die Grundschule ist nicht ausgeflippt, sondern sie haben sich was ausgedacht: Ich habe ein Kissen und einen Hocker bekommen und einen zweiten Satz Bücher, damit ich nicht so schwer tragen muss. Wenn Leute aus anderen Klassen irgendwas gesagt haben, haben meine Freund*innen geantwortet. Ich hatte schlagfertige Leute um mich herum. Durch diese Anfangserfahrung, einfach dabei zu sein, hatte ich später in den weiteren Schulen auch das Selbstbewusstsein. Blöd war nur der Schulsport. Da hatte ich dann durchgängig 'ne Drei,

weil ich nicht mit den anderen vergleichbar war. Ich hatte einfach nicht die Voraussetzung, um beim Bockspringen oder Schwimmen diese Tabellen zu erfüllen. Schlechter als die Note Drei habe ich dann aber auch nicht bekommen, weil die Lehrer sonst ein schlechtes Gewissen bekommen hätten (lacht).

Gerade mache ich Erfahrungen mit meinem Sohn, der keine Behinderung hat. Beim Kinderturnen ist ein Kind mit Down-Syndrom. Bei unserem Kind ist total klar, dass es auf die Regelschule vor der Tür geht. Bei dem anderen Kind sagte die Mutter: »Wir müssen mal schauen, ob es dort genug Inklusionsplätze gibt.« Das darf echt nicht so sein, diese Zugänge müssen vereinfacht werden. Die Kinder sollten einfach auf die Schule gehen dürfen, wo sie wohnen. Das muss sich unbedingt ändern.

Einige Eltern von Kindern mit Behinderung packen ihre Kinder in Watte. Mir hat es sehr geholfen, dass meine Mutter mich hat Sachen machen lassen, von denen sie vorher wusste, dass ich sie nicht schaffe. Das Motto meiner Mutter war immer: ausprobieren. Zum Beispiel waren wir auf einem Spielplatz und ich wollte auf eine riesige Rutsche klettern. Meine Oma meinte: »Oh mein Gott, das klappt doch nicht!« Und meine Mutter meinte: »Wird schon.« Sie wollte damals nicht zeigen, dass sie auch Angst hatte.

Heute merke ich, dass das gar nicht so einfach ist. Mein Kind zum Beispiel ist ein Wirbelwind und wenn er irgendwo drauf klettert, kann ich ihn manchmal nicht runterheben. Da zeige ich dann meine Angst auch nicht, sondern lasse ihn machen. Im Notfall helfen dann andere. Zu versuchen, auch Kinder mit Behinderung einfach machen zu lassen, finde ich sehr wichtig. Wir alle müssen positive und negative Erfahrungen machen, um fürs selbstständige Leben zu lernen. Pädagogisch finde ich wichtig, dass wir nicht so tun, als wären wir alle gleich oder als seien Behinderungen nicht relevant. Alle Eltern freuen sich, wenn Pädagoginnen auf Eltern zugehen und fragen: »Was braucht ihr?«

»Es ist nicht fair, dass behinderte Menschen oft so wenig Geld haben« Dimitris Koch

Mein Name ist Dimitris, ich bin 36 Jahre alt. Ich arbeite in einer Behindertenwerkstatt ↗. Ich mache da Ringe in Tüten für Autos und schweiße dann die fertigen Tüten ein. Und ich schraube so Lüfter für Wohnungen zusammen, mit Filter drin.

Bald möchte ich aber auf den ersten Arbeitsmarkt, in den Einzelhandel. Ich fahre gerne Fahrrad, schwimme, treffe mich mit Freunden, gehe shoppen, schau gerne Filme und höre Musik. Im Kindergarten hat man am Anfang meine Behinderung noch nicht bemerkt, erst später. Den Erziehern ist aufgefallen, dass mit mir was nicht stimmt. Ich war sehr zurückhaltend und still und mir fällt das Lernen nicht so leicht. Einmal hat mich eine Erzieherin zum Essen gezwungen und mich draußen ausgesperrt. Meine Eltern waren da ganz schön sauer.

Meine Mutter war mit mir bei verschiedenen Ärzten, damit die gucken, was mit mir los ist. Die haben festgestellt, dass ich eine Lernbehinderung habe. Ich hatte Probleme mit Schreiben und Rechnen und hatte so Merkschwierigkeiten. Und ich habe ein paar Sachen nicht so verstanden wie die anderen. Ich war dann auf einer Sonderschule. Mit den Mitschülern war eigentlich alles gut. Da hat mich niemand groß geärgert.

Als man festgestellt hat, dass ich anders bin, hab ich das eigentlich nicht so wahrgenommen. Ich fands komisch, ich wusste ja selber nicht, was los war, warum ich zu den Ärzten muss und auf eine andere Schule als mein Bruder komme. Der hat keine Behinderung. Ich hätte mir von meinen Eltern gewünscht, dass ich das erst mal auf einer normalen Schule probieren kann. Die sind auch sehr viel umgezogen, dadurch musste ich mich immer wieder neu gewöhnen, an neue Freunde, neue Schule. Meine Eltern haben sich auch viel gestritten, dadurch war ich oft krank und hab in der Schule gefehlt. Was mir geholfen hat, waren meine Freunde. Mit denen hab ich viel unternommen: schwimmen oder in der Stadt rumgelaufen, bisschen

Blödsinn gemacht, Schule geschwänzt oder Klingelstreich. Das waren welche mit und ohne Behinderung. Auf meiner Schule waren auch normale Kinder. Wenn ich Rechenaufgaben nicht gut konnte, haben meine Freunde mich unterstützt oder gesagt: »Mensch, du schaffst das schon.« Meine Mutter hat mich eher unter Druck gesetzt, wenn ich nicht gut in der Schule war. Ich war dann später in einer anderen Sonderschule, die war kleiner, eingerichtet wie eine Wohnung. Da hab ich mich wohl gefühlt, hab dann viele neue Freunde dort gefunden. Aber meine alten Mitschüler hab ich vermisst.

Ich wünsche mir, dass die Kinder mit Behinderung in der Sonderschule auch mal einen Abschluss machen können. Da macht ja kaum einer einen. Ich hätte mir mehr Unterstützung von den Lehrern gewünscht, dass man mir mehr Zeit zum Lernen lässt. Ich bin mit der Werkstatt jetzt nicht so zufrieden und möchte da gerne raus. Ich wollte da auch gar nicht hin, das war eher der Wunsch meiner Mutter. Ich hatte von Anfang an nicht das Gefühl, dass ich dazugehöre. Weil die alle schwerer behindert waren als ich, einige waren im Rollstuhl, einer hat komisch geredet. Ich dachte, ich müsste da gar nicht sein. Ich bin früh von zu Hause ausgezogen, weil ich immer Ärger mit meinen Eltern hatte. Ich war dann im Betreuten Wohnen. Da hatte ich Betreuer, die sind mit mir einkaufen gegangen, mit denen habe ich den Umgang mit Geld gelernt. Die haben mir mehr Zeit gelassen und hatten Geduld. Jetzt wohne ich allein. Ich habe eine gesetzliche Betreuerin. Die macht für mich die Behördengänge. Aber Gesundheitssorge, Finanzen und so, das mache ich alles allein. Ich hatte versucht, mich nicht unterkriegen zu lassen. Ich wollte schon immer eine eigene Wohnung, einen richtigen Job, ich wollte immer dazugehören zu den anderen.

Kindern heute wünsche ich viele Freunde, dass sie sich gegenseitig unterstützen, dass sie sich nicht unterkriegen lassen. Und dass die Erwachsenen was dafür tun, dass die Kinder selbstbewusst werden. Wir brauchen Gleichberechtigung, gerade auch bei den Finanzen. Dass wir in den Werkstätten mehr Geld verdienen. Es ist nicht fair, dass behinderte Menschen oft so wenig Geld haben.

»Ich wünsche mir, dass Schule aufhört zu existieren – so, wie sie heute ist« Ed Greve

Mein Name ist Ed Greve, ich bin 30, arbeite beim Migrationsrat Berlin. Ich gebe da unter anderem Workshops im Projekt i-PÄD, der Kompetenzstelle für intersektionale ↗ Pädagogik. Ich bilde Fachpersonal zu Antidiskriminierung fort, Lehrkräfte und Sozialarbeitende zum Beispiel. Außerdem mache ich politische Öffentlichkeitsarbeit, war mal Kandidat für das Berliner Abgeordnetenhaus, für die Partei »Die Urbane«. Ich bin Rollstuhlfahrer, unter anderem. Und ich bin als Pflegekind aufgewachsen, in einer *weiß*-deutschen Familie. Meine leiblichen Eltern sind Albaner, die aus dem Kosovo geflohen sind. Meine Mutter ist Ärztin, mein Vater Hausmann.

In der Kita war ich genau einen Tag. Die Kita hatte Bedenken – sie wollten mich nur unter der Bedingung nehmen, dass den ganzen Tag eine ausgebildete Krankenschwester dabei ist, weil ihnen das zu gefährlich war. Meine Mutter hat dann einen Zivi organisiert, das hat der Kita aber nicht gereicht. Ich erinnere mich nur noch daran, dass mein jüngerer, nichtbehinderter Bruder nicht in die Kita gehen wollte. Der musste in die Kita und wollte nicht – und ich wollte in die Kita und durfte nicht. Ich hatte in der Zeit vor der Schule nur zu ihm Kontakt, zu anderen Kindern nicht. Mit fünf bin ich dann aber auch schon eingeschult worden, in ein heilpädagogisches Zentrum. Ich war da total unterfordert. Nach zwei Jahren und vielen Tests und Prüfungen haben meine Pflegeeltern es geschafft, dass ich auf eine Regelschule komme. Das war wie ein kleiner Machtkampf: Die Förderlehrer*innen wollten mich nicht gehen lassen.

In der Grundschule hat es mir dann gut gefallen. Ich mochte die Lehrer*innen und Mitschüler*innen und die mochten mich. Ich war da viel aktiver als in der Förderschule, hab mit den Jungs im Flur Fangen gespielt und solche

Sachen. Als ich auf das Gymnasium kam, sollte ich auf einmal ganz hinten sitzen, weil sie glaubten, es würde die anderen Schüler*innen ablenken, wenn ich vorne sitze. Dann hab ich aber hinten immer ganz viel Quatsch gemacht. Da haben sie mich in die erste Reihe gesetzt. Unser Schulleiter war immer ganz stolz darauf, dass sie die erste Schule in der Stadt waren, die ein Kind aus der Förderschule aufgenommen hat. Ich war gut in der Schule, und wenn das mal nicht so war, dann nur, weil ich keinen Bock hatte und nicht, weil es einen Zusammenhang zur Behinderung gegeben hätte. Bei mir hatten die Lehrkräfte es also leicht. Ich hatte auch ein paar »seltsame« Lehrkräfte, zum Beispiel einen, der mit mir immer über Jesus reden wollte. Für einen anderen sollte ich mal in seiner Klasse erzählen, wie ich das so mache in der Schule. Für den war ich so ein Vorzeigeobjekt. Und natürlich wollten alle immer wieder wissen, »wo ich herkomme«; spätestens, wenn sie meine blond-blauäugigen Pflegegeschwister gesehen haben, aber auch so. Heute bewerte ich die Situationen auch durchaus anders, als ich das als Kind getan habe; für mich war das eine Umgangsweise, mich zu arrangieren.

Meine Pflegemutter ist Ärztin im Gesundheitsamt. Sie kennt sich aus, hat von Anfang an meine Rechte durchgefightet, schon bevor ich einen deutschen Pass hatte. Sie hat auch den Zivi für mich organisiert. Meine Eltern wollten, dass der immer in der Nähe ist, auf mich aufpasst. Ich wurde aber immer unabhängiger von ihm. Mein großer Struggle als Jugendlicher war, die Zivis auch mal loszuwerden. Unter der Hand sind sie dann aber auch einfach mal 'nen Kaffee trinken gegangen und haben mich allein mit meinen Freund*innen gelassen. Einige Zivis waren wie ein Kumpel, mit anderen kam ich gar nicht klar. Die hatte ich dann über ein Jahr an der Backe. Mit denen musste ich ja auch auf die Toilette gehen. Das war für mich zwar gewohnt, aber man will sich mit den Leuten dann schon gut verstehen, wenn sie einen auf die Toilette heben.

Für Kinder und Jugendliche heute wünsche ich mir eigentlich, dass Schule aufhört zu existieren — also so, wie sie heute ist: ein Ort, an dem Leistung bewertet wird, Leute gegeneinander ausgespielt werden, wo Konkurrenz und Ungleichheitsverhältnisse gefördert werden. Meine Arbeit bei i-PÄD ist wie Schadensbegrenzung in einem System, das nicht darauf ausgelegt ist, das Individuum zu fördern, sodass es ein frei denkender, solidarischer, lebensbejahender Mensch wird. Wir bräuchten eigentlich dringend einen verbindlichen Veränderungsprozess in der Bildungspolitik — ein Format mit Selbstvertreter*innen aller marginalisierten Gruppen.

Aber im System Schule gibt es natürlich auch jetzt schon einzelne Leute, die Inklusion ernst nehmen. Die schreiten ein, wenn sie als Lehrkraft Mobbing oder Herabsetzungen mitbekommen. Sie achten darauf, dass Kinder mit Behinderung sich selbst als wertvoll verstehen, dass sie etwas zur Gemeinschaft beitragen können, dass sie anerkannt werden. Behinderte Kinder sollten sich genauso ausprobieren dürfen und sich nicht ausbremsen lassen, weil sie etwas Unrealistisches wollen. Die Lehrkräfte können dagegen halten, wenn jemand sagt: »Das geht nicht, diesen Traum kannst du dir abschminken.« Man kann dann eher sagen: »Dieser Traum wird vielleicht schwer für dich zu erreichen, aber wir können zusammen überlegen, wie der Weg dahin aussehen könnte.«

Das gilt auch für Darstellungen von Behinderung — da sollten Erwachsene ihre Vorstellungskraft erweitern. Klar soll die Repräsentation realistisch sein. Rollstuhlfahrer*innen müssen nicht unbedingt als Feuerwehrleute dargestellt werden. Aber man kann sie trotzdem anders zeigen als bloß als Schreibtisch-Angestellte, auch im Handwerk. Die Assistenz dazu zeichnen. Warum nicht zum Beispiel als Uhrmacher*innen? Und: Nicht jedes Kind im Rollstuhl muss auf Bildern geschoben werden oder als Stephen Hawking in the Making dargestellt werden, sondern als Teil der ganzen Bandbreite der Menschheit.

4

EMPOWERMENT FÜR ALLE

ZUSAMMENFASSUNG IN EINFACHER SPRACHE

4.1. Gespräch zu Vorbildern und Empowerment

Rebecca Maskos führt ein Gespräch mit Adina Hermann und Raúl Krauthausen. Die beiden schreiben gemeinsam ein Kinderbuch.
Sie erklären: »Kinderbücher mit dem Thema Behinderung haben oft nur das Thema Behinderung im Blick.«
Behinderung ist dann selten normal.
Deshalb schreiben sie ein Buch.
Dort gehört Behinderung einfach dazu.
Es ist ein Merkmal von vielen.
Den beiden ist es wichtig, dass man Kinder fragt, was sie wollen, und sie ernst nimmt.
Man darf die Rechte der Kinder nicht aus dem Blick verlieren.
Man sollte nicht ständig betonen, was Kinder nicht können.
Sondern die Kinder darin bestärken, was sie gut können.
Und darauf achten, dass das Leben der Kinder nicht ständig verbessert werden muss.
Es geht auch darum, Spaß zu haben!

Und sie geben Tipps, wie man Kinder stärken kann:

- → Sei Verbündete*r für dein Kind.
- → Nimm das Kind ernst und höre darauf, was es will.
- → Bestärke das Kind, eine eigene Meinung zu haben.
  Und dass es richtig ist, wie es ist.
- → Zeig dem Kind, dass es überall dabei sein darf.
- → Auch Eltern dürfen sich Hilfe suchen.

Text in Schwerer Sprache → Seite 126

4.2. Nichtbehinderte Vorteile und Verbündete*r werden

Ableismus betrifft alle Menschen.
Durch Ableismus werden nichtbehinderte Menschen bevorzugt und behinderte Menschen benachteiligt.
Ableismus übt Druck auf beide Gruppen aus:

ZUSAMMENFASSUNG IN EINFACHER SPRACHE

Nichtbehinderte müssen ständig zeigen, dass sie nichtbehindert sind. Aber sie müssen sich selten um Barrierefreiheit kümmern.
Denn die Umwelt ist an sie angepasst.
Ihre Lebensweise gilt als normal.
Nichtbehinderte Menschen sollten ihre Situation nutzen.
Sie können Verbündete von behinderten Menschen sein, sich für sie stark machen und sie unterstützen.
Dafür kann es helfen, Erfahrungsberichte von behinderten Menschen zu lesen.
So kann man etwas aus ihrem Leben erfahren.
Aber es ist wichtig, Grenzen zu akzeptieren.
Nicht alle wollen über die eigene Behinderung oder Erfahrungen sprechen.
Um Verbündete*r zu sein, sollte man zum Beispiel:

- → Barrieren erkennen und auf sie aufmerksam machen.
- → auf unangebrachte und verletzende Sprache hinweisen.
- → behinderte Menschen immer direkt ansprechen – und nicht die Begleitung.

→ erst fragen, ob jemand Hilfe braucht, und dann unterstützen.

Text in Schwerer Sprache → Seite 136 und 137

4.1. Vorbilder und Empowerment

EIN GESPRÄCH MIT ADINA HERMANN UND RAÚL KRAUTHAUSEN

Rebecca Ihr habt euch bei den Sozialheld*innen ja schon viel mit dem Thema Empowerment von Kindern beschäftigt. Jetzt schreibt ihr beide zusammen ein Kinderbuch. Wie kam es dazu?

Adina Wir sind mal die Kinder- und Jugendbücher aus unserer Kindheit durchgegangen — viel Gutes, Stärkendes ist uns nicht eingefallen. Für mich gab es leider kaum Vorbilder mit Behinderung. Es ging meistens um Mitleid. Darum, dass man arm dran ist, seine Behinderung überwindet und dann der Superstar wird. Auch bei Kinderfilmen und Serien war das so. Nach dem Motto: »Du bist nur gut, wenn du deine Behinderung hinter dir lässt.« Wenn ich mir heute zusammen mit meiner kleinen Tochter Kinderliteratur anschaue, dann sehe ich schon Fortschritte. Es gibt nun mehr positive Stories. Bei denen kann man auch *mit* Behinderung teilhaben, sie ist ein Teil von Normalität. So etwas hätte ich mir als Kind auch gewünscht. Ich musste mir mein Empowerment woanders holen.

Raúl Es ist schon sehr auffällig, wie viele Kinderbücher eigentlich nur mit Klischees arbeiten, auch aktuelle Kinderbücher noch. Da geht es immer darum, dass irgendein*e Außenseiter*in eine*n andere*n Außenseiter*in treffen muss, damit sie sich gegen die Mehrheitsgesellschaft verschwören und dann irgendeine Heldentat vollbringen, um ernst genommen zu werden. Und das ist ein Problem. Als ich damals in der Schule war, haben wir alle zusammen den Kinofilm »Die Vorstadtkrokodile« gesehen. Wir haben die Version aus den Siebzigern geguckt. Und die war ganz schlimm für mich als Kind. Der Junge mit Behinderung wird als Außenseiter dargestellt, als einer, der geärgert und gehänselt wird von seinen Nachbar*innen und Klassenkamerad*innen. Und der erst zum Helden werden muss, bevor er ernst genommen wird. Ich hatte das Gefühl, dass dieser Film vielleicht

RAÚL KRAUTHAUSEN

*arbeitet seit über 15 Jahren als Inklusions-Aktivist und Gründer der Sozialheld*innen, studierter Kommunikationswirt, Design Thinker und Autor in der Internet- und Medienwelt. Bekannt geworden ist er durch die von ihm erfundene Wheelmap, eine weltweite digitale Landkarte barrierefreier Orte.*

sogar meinen Klassenkamerad*innen die Erlaubnis gibt, mich zu mobben. Als wir diesen Film sahen, wollte ich vor Scham im Boden versinken. Und andere behinderte Menschen, mit denen ich heute darüber spreche, haben ein ähnliches Gefühl zu dem Film. Die Lehrer*innen haben den wahrscheinlich in bester Absicht gezeigt, aber es war einfach sonnenklar: Wir haben den Film nur geschaut, weil ich in der Klasse war. Wir hatten noch ein Hörbuch: »Das war der Hirbel«. Auch hochproblematisch. Ein Buch über ein sozial auffälliges, behindertes Heimkind. Warum wir das damals gehört haben, hab ich damals auch nicht verstanden. Alle haben mich hinterher »Hirbel« genannt. Das ist ja das komplette Gegenteil von dem, was man beabsichtigt hat. Und dann haben meine Eltern mich immer wieder gezwungen, mir Literatur zum Thema Behinderung anzuschauen. Ich hatte dieses Bilderbuch »Peter ist der allerkleinste Riese«. Da geht es um einen Jungen, der eine Beinschiene hat und man die Schiene wie in so einem Wimmelbuch wiederfinden soll. Ich habe das Buch immer versteckt, wenn ich Besuch hatte. Ich wollte nicht, dass das immer so präsentiert wird. Aber auch aktuelle Kinderbücher zeichnen problematische Bilder. Zum Beispiel wird das Buch »Irgendwie Anders« oft als positives Werk gesehen, das Kindern die Werte von Toleranz, Akzeptanz und Freundschaft vermittelt. Ich finde das allerdings schwierig, weil es die Idee unterstützt, dass »Andersartigkeit« nur von ähnlich »Andersartigen« akzeptiert wird. Das vermittelt das Bild, dass Integration in eine breitere Gemeinschaft nicht möglich oder nicht gewünscht ist, wenn man »anders« ist. Außerdem wirft das Buch die Frage auf, was als »normal« gilt, ohne diese Frage wirklich zu beantworten. Vielleicht, weil es die falsche Fragestellung ist?

Rebecca Adina, du sagst, es gibt heute positivere Geschichten — aber nur vereinzelt. Wie inklusiv sind aktuelle Erzählformate für Kinder?

Adina Wir haben zu Kinderbüchern mal eine Recherche gemacht. Und da ist uns aufgefallen, dass es zwei Arten von Erzählungen gibt: einmal die, bei denen man merkt, dass sie hauptsächlich für Kinder mit Behinderungen gemacht sind. Das sind dann diese peinlichen Buch-Geschenke, von denen Raúl gesprochen hat. Mir ging es ganz genauso, dass ich Kinderbücher zum Thema Behinderung hatte, die mir peinlich waren, die ich vor Freund*innen versteckt habe. Manchmal sind die ganz schlimm, wenn sich die Autor*innen zum Beispiel gar nicht mit Behinderung auskennen, wenn die Figuren in den Geschichten nur so Alibi-Kinder mit Behinderung sind. Oder wenn die Autor*innen aus der Selbsthilfe von Eltern behinderter Kinder kommen. Die erklären dann zum Beispiel, wie die Therapie des Kindes abläuft. Das liest sich alles oft deprimierend. Man versteht, warum die Bücher geschrieben wurden — aber Kinder macht das nicht wirklich glücklich oder stärkt sie. Das sind pädagogische Erklärbücher, die dem Umfeld sagen sollen, wie sie mit dem Kind und dem Thema Behinderung umgehen sollen. Nur selten gelingt

ADINA HERMANN

*ist Head of Design und Vorständin der Sozialheld*innen, die sich für eine vielfältige Gesellschaft und mehr Teilhabe für alle einsetzen. Adina gibt Workshops und berät in Sachen Inklusion, Diversität und Barrierefreiheit. Im Frühjahr 2024 erscheint ein von ihr und Raúl Krauthausen kreiertes inklusives Kinderbuch.*

das gut, oft ist es belehrend und wirkt auf Kinder eher merkwürdig. Was ich besonders traurig daran finde: Solche Bücher würden einem Kind niemals geschenkt werden, wenn der Kontext Behinderung nicht schon da wäre. Es wird nur dann herausgeholt, wenn in der Kita oder im Freundeskreis ein Kind mit Behinderung dabei ist oder das Kind selbst eine Behinderung hat. Und das hat nichts mit Inklusion zu tun. Die andere Art von Erzählung gefällt uns viel besser, ist aber noch selten vertreten: Da taucht Behinderung wie zufällig auf, einfach als ein Vielfaltsmerkmal. Ein Kind mit Behinderung ist einfach dabei. Das wird dann gar nicht übertrieben thematisiert und es ist authentisch.

Raúl Die guten Stoffe haben eine Beiläufigkeit beim Thema Behinderung. Nicht immer »auf die Zwölf«. Denn Kinder nervt es auch, wenn sie erzogen und pädagogisch bearbeitet werden. Das ist schnell uncool. Ein Buch, das mir als positives Beispiel immer wieder in den Sinn kommt, ist »Antonia war schon mal da«. Freund*innen machen zusammen eine Reise, und einer von ihnen sitzt zufällig im Rollstuhl. Mehr nicht. Oder die Netflix-Serie »Raising Dion« — eher für ältere Kinder, Jugendliche und Erwachsene geeignet. Da geht es um einen Jungen mit Superheld*innen-Fähigkeiten. Behinderung ist eigentlich gar kein Thema, aber seine beste Freundin hat Glasknochen und sitzt im Rollstuhl. Man bekommt mit, wie ihre Eltern ein rollstuhlgerechtes Auto haben und ein barrierefreies Haus, aber es wird nicht explizit dargestellt. Einmal hebt Dion sie mit seinen Superkräften aus dem Rollstuhl heraus — sie ist darüber aber nicht begeistert. Seine Mutter erklärt ihm dann später, dass das nicht okay war, weil er es gegen ihren Willen gemacht hat.

Adina Die Geschichte muss mainstreamig genug sein, sodass sie allen Kindern Spaß macht und wirklich was transportieren kann. Nicht die Diagnose oder die Behinderung sollte im Vordergrund stehen, sondern die aufregende Geschichte selbst. Das Kind hat an ihr teil, *mit* seiner Behinderung, und steht nicht nur am Rand. Da kommt keine gute Fee und zaubert die Behinderung weg. Eltern, die diese belehrenden Kinderbücher schreiben, machen das mit besten Absichten. Sie wollen zum Beispiel, dass die Beeinträchtigung ihres Kindes überhaupt mal auftaucht. Das ist ja gut

SEI DU SELBST!
(ABER SEI NORMAL.)

und richtig. Aber jedes Kind spürt sofort, dass das kein Bestseller ist. Außerdem schwingt da immer so ein Beschützer*inneninstinkt mit. Mein Kind in seiner kleinen Welt soll in Watte gepackt sein.

Rebecca Woher kommt das?

Raúl Viele dieser Kinderbücher kommen mir ein bisschen wie Therapien für die Erwachsenen vor. Sodass die Eltern ihren eigenen Ableismus damit bearbeiten und dann dafür gefeiert werden. Auch bei den Eltern, die auf Social Media über ihre behinderten Kinder posten, ist das manchmal so. Es ist total verständlich und wichtig, dass sie sich mit anderen Eltern austauschen. Sie erleben ja selbst auch Diskriminierung. Manche sind gut darin, das in die Öffentlichkeit zu tragen, manche schießen über das Ziel hinaus. Man muss wissen, wann man aufhören soll. Zum Beispiel, wenn nicht mehr klar ist, ob man wirklich unterwegs ist, um etwas zu verändern, Wissen beizutragen, oder ob es nur noch um das eigene Ego geht. Oder wenn mit medizinischen Informationen ständig die Privatsphäre des Kindes verletzt wird. Es passiert mir regelmäßig, dass ich auf Veranstaltungen mit behinderten Kindern spreche, und die klingen dabei wie kleine Ärzt*innen. Die plappern nach, was die Erwachsenen sagen. Auch erwachsene behinderte Menschen, die mir eine Mail schreiben, benennen oft im ersten Satz ihre genaue Diagnose, mit allem. Das geht mich doch gar nichts an. Aber das kommt wahrscheinlich daher, dass sie ihr ganzes Leben lang schon ihre Beeinträchtigung erklären mussten. Wir müssen den Kindern auch beibringen, dass sie nicht immer alles offenbaren müssen, dass sie ihre Privatsphäre schützen dürfen. Und das fängt bei den Eltern an. Vor kurzem haben wir viele kleinwüchsige Menschen interviewt und gefragt: »Was hättet ihr euch von euren Eltern gewünscht?« Der Großteil hat geantwortet: »Wir hätten uns gewünscht, dass sie unsere Probleme sehen und wir nicht ihre Probleme lösen müssen.« Also, dass die Schmerzen, Ängste, Fragen und Sorgen der Kinder im Mittelpunkt stehen und nicht die der Eltern.

Rebecca Eltern sind ja oft sehr beschäftigt mit der medizinischen Seite von Behinderung. Sie kümmern sich um Therapien,

Operationen und Förderung. Manche Aktivist*innen der Behindertenbewegung sagen, das ist Normierung und Anpassung. Viele Eltern hingegen sagen: »Ich mache das, weil ich das Beste für mein Kind will, weil ich möchte, dass es so selbstständig wie möglich aufwächst.« Was sagt Ihr dazu?

<u>Adina</u> Das Beste für das Kind zu wollen ist erst mal positiv, das wollen sicher alle Eltern für ihre Kinder, egal ob behindert oder nicht. Dabei ist es aber wichtig, genau hinzuschauen, was das Kind wirklich braucht, womit es glücklich ist und sich gut entwickeln kann. Und ob es vielleicht nicht etwas ist, das man sich selbst wünscht, was das Kind haben soll. »Ich will nur das Beste für mein Kind« — da kann auch ein Druck dahinterstecken. Ein Leistungsdruck, dass ich als behindertes Kind die Wünsche dann auch annehmen und erfüllen muss. Das kann total stressig sein, das kann aber auch bedeuten, dass ich viel Förderung bekomme. Es gibt ja auch das andere Extrem, dass Eltern denken, das Kind ist eh gesellschaftlich abgeschrieben, da brauchen sie es auch nicht weiter zu unterstützen. Ich selbst bin meiner Mutter und meiner Familie sehr dankbar, dass sie mich immer gefördert und auch gefordert haben. Meine Mutter hat sich immens dafür eingesetzt, dass ich auf die Regelschule gehen konnte, gegen alle Ratschläge, was damals überhaupt nicht normal war. Und das war lebensverändernd. Das hat meine ganze Laufbahn geprägt. Aber man muss im Blick haben, ob das Kind das auch will. Dass es eine Chance hat, mitzubestimmen. Auch bei medizinischen Themen und Therapien.

<u>Raúl</u> Ich würde allen Eltern raten: »Holt Euch nicht nur die Meinungen von Nichtbetroffenen ein, nicht nur von Ärzt*innen, Lehrer*innen, Psychiater*innen, Psycholog*innen, sondern auch von erwachsenen Menschen mit der gleichen Diagnose, die diese Erfahrungen alle schon durch haben. Und nehmt die dann genauso ernst.« Ich kann mich erinnern, dass meine Mutter sich damals viel mit mir unterhalten hat, welche Operationen wir machen und welche nicht. Es gab viele Kinder mit Glasknochen, die hatten alle möglichen Knochen-Operationen hinter sich. Aber meine Mutter ist Ärztin und hat mir auch immer gesagt: »Wenn wir das machen, dann bedeutet das, dass du viele Monate im Krankenhaus bist.

Da geht dann fast ein Jahr deiner Kindheit verloren.«
Und sie hat gesagt: »Ich finde, du bist eigentlich ein zufriedenes Kind. Du wirst dann vielleicht drei oder vier Schritte laufen können, aber du wirst trotzdem Hilfe brauchen.« Die Diskussion mit meinen Eltern geführt zu haben, hat mir damals das Gefühl gegeben, ich werde ernst genommen. Ich habe auch keine Krankenhausphobie entwickelt, wie viele andere Menschen mit Glasknochen. Ich bereue keine dieser Entscheidungen.

Rebecca Ich beobachte auch, dass viele Eltern alles dafür tun, dass ihre Kinder bloß keinen Rollstuhl nutzen.

Adina Da spiegelt sich das gesellschaftliche Bild von Behinderung wider. Die Eltern sind oft mit dem Glaubenssatz aufgewachsen, im Rollstuhl zu sitzen ist das Schlimmste, was es gibt. Das ist so tief in den Köpfen, dass es ihnen schwerfällt zu akzeptieren, dass das Kind vielleicht mit dem Rollstuhl glücklicher wäre als ohne. In der Gesellschaft, in den Medien, muss viel öfter gezeigt werden, dass man auch im Rollstuhl wunderbar leben kann, dass ein Rollstuhl nicht das Ende der Welt ist. Bei mir hat es auch gedauert, bis alle den akzeptiert hatten. Ich bin auch damit groß geworden, dass ich so viel wie möglich laufen sollte. Mir haben Ärzt*innen immer gesagt, ich solle viel trainieren und die Muskeln erhalten. Später habe ich dann von anderen Menschen mit meiner Beeinträchtigung erfahren, dass zu viel Training auch kontraproduktiv sein kann. Am Ende habe ich gelernt, dass ich einfach selbst herausfinden muss, mit welcher Intensität das Training gut für mich ist. Es ist ein richtig langer Weg, bis man gelernt hat, auf sich zu hören, Dinge zu hinterfragen und sich dabei auch mal über die Empfehlungen von Therapeut*innen oder Ärzt*innen hinwegzusetzen.

Rebecca Habt Ihr das Gefühl, dass behinderte Kinder Rechte haben? Und dass sie wissen, was das ist?

Adina In manchen Familien ist der Grundgedanke noch nicht angekommen, dass Teilhabe ein Menschenrecht ist. Das Bewusstsein haben viele Eltern und auch andere Erwachsene im Umfeld des Kindes nicht. Sie sind es aber, die es ihren Kindern vermitteln müssten. Sie können ihren Kindern zeigen, dass nicht sie (oder ihre Behinderung) das Problem sind, und sich gemeinsam mit ihnen für ihre Rechte einsetzen. Das kann auch für die Eltern empowernd sein.

Raúl Ich glaube, kein Kind weiß so richtig, was Rechte sind und dass sie welche haben. Es gibt Verbände, die für die Rechte von Kindern kämpfen, aber das sind meistens »Alte-Herren-Vereine«. Die Beteiligungsprozesse sind oft sehr fragwürdig.
Am Ende reden wieder nur Erwachsene über Kinder. Und es wird in diesem stressigen Alltag der Eltern auch leicht vergessen, dass Kinder Rechte haben. Jedes Kind hat spätestens mit 18 das Recht, sich von seinen Eltern loszusagen. Und das bedeutet, dass Eltern auch abgeben müssen. Das können sie oft nicht. Sobald das Kind eine Behinderung hat, fällt es ihnen dann nochmal schwerer. Oft, weil das Kind zum Zentrum ihres Lebens geworden ist. Sich dann neu zu erfinden, ist manchmal gar nicht so einfach.

Eine Liste mit Tipps
für inklusive Kinderbücher und
Spielmittel findet ihr hier

Adinas und Raúls Tipps zum Empowerment behinderter Kinder

→ Sei eine*r Verbündete*r für dein Kind. Zeige ihm, dass es immer gut genug ist, sich nicht anpassen muss und dass es dazugehört. Verteidige es bei unangemessenem Verhalten und Diskriminierung.

→ Setze es nicht unter Druck, möglichst »normal« zu sein und bestimmte Leistungen erbringen zu müssen. Ermutige es aber, Dinge auszuprobieren und dranzubleiben.

→ Zeige ihm, dass Hilfe anzunehmen und zu bekommen völlig okay ist.

→ Such dir selbst Hilfe, wenn du mit dem Kind und deinen Lebensumständen überfordert bist. Auch im Kampf gegen Barrieren und für die Rechte des Kindes. Tausch dich mit anderen Eltern aus.

→ Gib dem Kind die Möglichkeit, andere behinderte Kinder kennenzulernen, auch mit der gleichen Diagnose — wenn es das möchte.

→ Gib dem Kind allen erdenklichen Support. Lass es altersgerecht mitsprechen bei Entscheidungen über seinen Körper, über Therapien, Operationen, über Schule und Kita. Nimm seine Sicht ernst und gib ihm eine Stimme.

→ Vermittle dem Kind, dass es ein Recht auf Teilhabe hat, und setz dich mit ihm gemeinsam dafür ein.

4.2. Nichtbehinderte Privilegien

REBECCA MASKOS

Ob wir es wollen oder nicht — jede*r ist Teil des Systems Ableismus. Er betrifft uns alle. Aber je nachdem, ob wir behindert sind oder nicht, betrifft er uns unterschiedlich. Ableismus privilegiert nichtbehinderte Menschen, da sie in die Gesellschaft passen, gut in ihr funktionieren. Behinderte Menschen werden durch Ableismus hingegen benachteiligt, da sie den gesellschaftlichen Erwartungen nicht entsprechen. In einer Welt, durch die sich nichtbehinderte Menschen oft reibungslos bewegen können, sind behinderte Menschen nicht vorgesehen. Gelten wir in einer ableistischen Gesellschaft als behindert, ist die Wahrscheinlichkeit hoch, immer wieder neue Kämpfe um Inklusion führen zu müssen.

Sind wir nichtbehindert und privilegiert, heißt das nicht, dass wir automatisch ein schönes Leben haben. Der Druck der ableistischen Standards wirkt auch auf Nichtbehinderte, setzt sie konstant unter Zugzwang, sich als nichtbehindert zu beweisen. Zum Beispiel sollen sie sportlich und fit, psychisch ausgeglichen und kommunikativ sein. Gleichzeitig müssen sich nichtbehinderte Menschen kaum um Barrierefreiheit kümmern, und der Zugang zu Bildung, Arbeit und Wohnen ist für sie beispielsweise deutlich einfacher.

Nichtbehinderte Privilegierung bedeutet auch, Leerstellen in der Wahrnehmung zu haben. Die Lebensbedingungen Nichtbehinderter werden als normal und selbstverständlich erachtet, denn Benachteiligungen und Vorurteile nicht selbst zu erfahren heißt oft, sich ihnen nicht bewusst zu sein. Daher ist es wichtig, die eigene gesellschaftliche Position zu verstehen. Bei nichtbehinderten Menschen bedeutet dies, sich der Macht bewusst zu sein, die man im Vergleich zu behinderten Menschen unwillkürlich hat. Dabei geht es nicht darum, Schuldgefühle zu entwickeln oder sich für die gesellschaftlichen Vorteile zu schämen. Stattdessen können Nichtbehinderte ihre privilegierte Position nutzen: zum Beispiel, um behinderte Menschen im Kampf um Gleichberechtigung, Barrierefreiheit und Assistenz zu unterstützen oder um sich selbst für eine inklusive Gesellschaft einzusetzen — ein*e Verbündete*r zu werden.

4.3. Verbündete*r werden

REBECCA MASKOS

Der erste Schritt auf dem Weg, ein*e Verbündete*r behinderter Menschen zu werden, ist, sich mit den Erfahrungen behinderter Menschen zu beschäftigen. Man kann Bücher oder Blogs behinderter Menschen lesen, Social-Media-Accounts von Aktivist*innen mit Behinderung folgen. Auch wenn man zum Beispiel als Elternteil, als Schwester oder Bruder behinderten Menschen nahesteht: Man weiß nur aus zweiter Hand, wie es sich anfühlt, selbst mit dem Stigma

Behinderung durch die Welt zu gehen. Von Ableismus ist man dann nur indirekt betroffen.
Behinderten Menschen sollte zugehört und ihre Diskriminierungserfahrungen sollten ernst genommen werden. Vielleicht versteht man am Anfang nicht immer, warum sich etwas für behinderte Menschen diskriminierend anfühlt. Die Beschäftigung mit nichtbehinderten Privilegien braucht Zeit.

Was andere als Anerkennung und Anteilnahme verstehen, hört eine behinderte Person vielleicht ständig. Auch wenn es nicht beabsichtigt ist, kann es sein, dass es sich für sie nicht gut anfühlt. Oft werden behinderte Menschen zur Projektionsfläche für Mitleid, oder sie werden für die persönliche Auseinandersetzung mit dem Thema Behinderung instrumentalisiert. Nicht alle Menschen sind bereit, immer und überall von ihren Erfahrungen mit Ableismus zu berichten. Manchmal ist da eine Menge Trauma im Spiel. Auch die Frage nach der Ursache der Behinderung und nach Diagnosen ist nicht unbedingt der beste Einstieg in ein Gespräch, wenn man sich noch nicht gut kennt. Die Grenzen behinderter Menschen und auch die eigenen sollten respektiert werden.

Hilfreich ist, einen Blick für Barrieren zu entwickeln und auf sie aufmerksam zu machen. Sich im eigenen Umfeld, zum Beispiel bei der Arbeit, für Barrierefreiheit und Inklusion einzusetzen. Auch die Sensibilisierung für ableistische Sprache ist wichtig. Worte wie »blind« und »lahm« als Metapher für etwas, »Idiot«, »Schwachsinn«, »Zwerg« oder »Krüppel« sind in unserer Alltagssprache völlig gängig, tatsächlich aber abwertend und historisch belastet. Im Umgang mit einer behinderten Person sollte man sich bewusst machen, dass sie kompetent ist, Fähigkeiten hat und Bedürfnisse selbst äußern kann. Sie sollte direkt angesprochen werden und nicht zuerst die Begleitung als vermeintliche »Betreuer*in«. Das gilt auch für Gebärdensprachdolmetscher*innen: Im Gespräch sollte vor allem die gehörlose Person angeschaut werden, nicht die dolmetschende Person. »Einfach so« zu helfen ist zwar ein schöner Impuls der Unterstützung, aber nicht immer passend. Besser ist es, vorher zu fragen, ob Hilfe überhaupt nötig ist und wie sie am besten geleistet werden kann. Behinderte Menschen können Helfer*innen normalerweise sehr genau selbst anleiten und sagen, was sie brauchen.

»Das Schulsystem muss sich ändern« Kai Logarić

Mein Name ist Kai Logarić. Ich bin 40, verheiratet, nicht-binär und Elternteil eines sechsjährigen Kindes. Mit meiner Familie, zwei Katzen und einem Hund lebe ich in Frankfurt. Ich bin gelernte*r Erzieher*in und habe auch lange mit Kindern im Alter von 0 bis 14 Jahren gearbeitet. Inzwischen habe ich außerdem mein Studium der sozialen Arbeit abgeschlossen. Aktuell bin ich selbstständig als @was.kai.sagt als Content Creator*in auf Instagram und Speaker*in. Meine Themen sind Antirassismus, queere ↗ Lebensrealitäten, mentale Gesundheit, Elternschaft, Veganismus, Feminismus, Intersektionalität ↗ und Geschlechtsidentitäten.

Prägend für meine Kita- und Schulzeit in den 1980er-Jahren war, dass meine Geschwister und ich die einzigen Schwarzen Kinder waren. Dadurch waren wir natürlich immer etwas Besonderes und wurden teilweise auch anders behandelt. Obwohl ich immer Freund*innen hatte, habe ich mich immer nach anderen Kindern gesehnt, die so aussehen wie ich. Oft habe ich mich deshalb ziemlich allein gefühlt. Allgegenwärtig war auch, dass meine Familie nicht viel Geld hatte und ich nicht mit den anderen Kindern mithalten konnte, was materielle Dinge anging. Besonders Markenkleidung war in dieser Zeit Thema. Das war ein zusätzliches Kriterium, das mich »anders« machte. Pädagogische Ansprechpersonen hatte ich nicht. Von Lehrer*innen fühlte ich mich oft nicht gesehen und nicht verstanden. Dass ich nicht-binär bin, wusste ich in meiner Schulzeit noch nicht. Ich fühlte mich zwar früh auch zu Frauen hingezogen, über Geschlechtsidentitäten und deren Vielfalt lernte ich allerdings erst Jahrzehnte später.

Diskrimierung habe ich sogar direkt durch Lehrpersonen erlebt. Ein Lehrer meinte mal zu mir, ich solle hingehen, wo ich hergekommen sei. Er solidarisierte sich auch immer wieder mit einem offen rechtsradikalen Skinhead in meiner

Klasse. Es gab keinen Schutz vonseiten der Schule, keine Konsequenzen und keine Sensibilisierung. Auch bei Mobbing von queeren Menschen oder Menschen mit Lernschwierigkeiten ↗ wurde weggeschaut. Ich war deshalb froh, als die Schulzeit zu
Ende war.

Mein Sohn wird dieses Jahr eingeschult und ich mache mir darüber viele Gedanken. Ich würde mir wünschen, dass es mehr Schulsozialarbeiter*innen und Beratungsmöglichkeiten für Kinder gibt. Dafür müssten natürlich die Arbeitsbedingungen für die pädagogischen Fachkräfte verbessert werden. Außerdem wünsche ich mir sensibilisiertes Personal und auch verpflichtende Fortbildungen im Bereich Diversität, Inklusion und Antirassismus. Nur so kann ein halbwegs sicheres Lernumfeld für alle Kinder geschaffen werden. Da ich in meiner Schulzeit kaum Kontakt zu Kindern mit Behinderungen hatte, wünsche ich mir inklusivere und barrierefreie Schulen, in denen alle Kinder gemeinsam lernen können. Schule ist eine herausfordernde Zeit für Kinder, sie sollten sich nicht auch noch einsam fühlen, weil sie nicht der vermeintlichen »Norm« entsprechen.

Damit das klappen kann, müssen die Betreuungsschlüssel in Kitas verändert und die Schulklassen kleiner werden. Momentan sind die Fachkräfte maßlos überarbeitet und es kann teilweise nicht einmal die Aufsichtspflicht gewährleistet werden. Da wird leider am falschen Ende gespart — auf Kosten der Kinder. Meiner Meinung nach müsste sich außerdem das komplette Schulsystem ändern. Alle Kinder sollten zusammen beschult werden — egal mit welcher Hautschattierung, mit oder ohne Behinderung, finanziell abgesichert oder nicht. Das würde Berührungsängste, Vorurteile und Diskriminierung vorbeugen.

»Die Schule war auf mich nicht vorbereitet«
Tanja Kollodzieyski

Ich bin Tanja, 36 Jahre alt. Ich bin Autorin, Inklusionsaktivistin und ich habe mittlerweile viele Grenzen. Vor ein paar Jahren hatte ich noch keine einzige Grenze. Mittlerweile kann ich sie nicht mehr zählen. Mein liebstes Hobby sind Pflanzen. Ich mag es, sie wachsen zu sehen, eine Entwicklung zu beobachten, wenn neue Blätter kommen oder eine neue Blume rauskommt. Politisch sehe ich gerade nicht so viel Bewegung, aber bei den Pflanzen sehe ich sie. Auch deshalb mag ich sie gerne.

Ich war in einem integrativen Kindergarten, habe aber nicht so viele Erinnerungen dran. Soweit ich weiß, waren wir vier Kinder mit verschiedenen Behinderungen, da gab es viele Erfahrungen, die ich mitnehmen konnte. Theoretisch hätten auch nichtbehinderte Kinder in diese Einrichtung gehen können, aber ich erinnere mich nur an behinderte Kinder.

Ich war auf verschiedenen Förderschulen. Es gab immer wieder Probleme, weil ich zu gut im Schulunterricht war. Ich wurde dann immer weitergereicht, zu intelligent für Förderschulen. Auf einer Schule hatte ich eine Lehrerin, die ein Jahr Einzelunterricht mit mir gemacht hat. So konnte ich drei Jahre Schulstoff nachholen und auf eine Regelschule wechseln. Auf der Regelschule war es sehr krass. Auf den Förderschulen war ich zwar unterfordert, aber ich war sehr beliebt. Auf der Regelschule war das dann anders. Da war außer mir kein einziges Kind mit Behinderung. Die Schule war auf mich nicht vorbereitet. Das war eine harte Erfahrung.

In den Pausen war ich immer allein. Wenn ich mich irgendwo dazustellen wollte, wurde sich demonstrativ weggedreht. Bei den Gruppenarbeiten wollte niemand mit mir arbeiten. Die Lehrpersonen waren weder vorbereitet, noch hatten sie Bock. Auf dieser Schule war ich sechs Jahre lang. In der Oberstufe wurde ich mehr oder weniger von der Schule geschmissen, weil die Lehrer es zu anstrengend mit mir fanden. Sie hätten einfach nur einen Antrag stellen müssen, dass ich mehr Zeit für bestimmte Prüfungen bekomme. Aber das war ihnen zu viel Arbeit, also wurde mir nahegelegt, die Schule zu wechseln. Ich musste dann 150 Kilometer weiter weg zur Schule, weil das das nächste barrierefreie Gymnasium war.

Deshalb musste ich zu Hause ausziehen, in ein Wohnheim in der Nähe der neuen Schule. Unter der Woche habe ich dort gelebt und bin dort zur Schule gegangen. Auf der Schule gab es mehr Kinder mit Behinderung und sie hatten auch Erfahrung mit schulischer Inklusion. Das habe ich direkt gemerkt. Sie waren offen für mich und meine Bedürfnisse. Mein Abitur war nicht so gut, wie es hätte werden können, weil ich zum ersten Mal seit sechs Jahren Freunde hatte (lacht). Ich habe mich dann nicht so gut vorbereitet.

Aufgewachsen bin ich in einer Kleinstadt, da gab es keine anderen jungen Leute mit Behinderung. Ich hatte null Vergleichsmöglichkeiten. Es ist wichtig, Behinderung zu thematisieren, auch in Bildungseinrichtungen. Zum Beispiel so: »Tanja hat eine Sprachbehinderung, sie bewegt sich im Rollstuhl.« Das einfach auszusprechen, das ist wichtig. Und erklären, dass es kein Vorteil ist, wenn ich bei einer Arbeit mehr Zeit bekomme, sondern dass ich mehr Zeit brauche, um die gleichen Möglichkeiten zu haben wie andere. Das haben meine Mitschüler damals gar nicht verstanden, aber es wurde eben auch nie wirklich offiziell kommuniziert.

In der Schule habe ich die meisten Barrieren erlebt. Schule ist so ein geschlossener Raum. Du hast da nur ein paar Leute und wenn die dich kacke finden, hast du ein Problem. In meinem Studium war es dann besser. In der Uni gibt es einen viel größeren Rah-men, in dem auch immer wieder andere Leute dazukommen.

Dass meine Benachteiligung an der Behinderung liegt, war mir relativ schnell bewusst. Irgendwas mit mir ist anders als bei den anderen. Ich dachte bloß lange, dass das okay wäre, dass ich deshalb ausgegrenzt werde. Ich hielt das Verhalten der Leute für normal. Dass Ausgrenzung weder normal noch okay ist, habe ich erst verstanden, als ich auf der Uni war.

»Manchmal hätte ich mir ein Schild gewünscht, auf dem drauf steht, was los ist«
Dorothee Marx

Ich heiße Dorothee, bin 34 und lebe mit Mukoviszidose. Die wurde bei meiner Geburt schon diagnostiziert. Mukoviszidose ist eine genetisch bedingte chronische Stoffwechselerkrankung. Das Hauptproblem ist, dass sich in den Organen, vor allem in der Lunge, ein zäher Schleim bildet, so als hätte man die ganze Zeit eine schlimme Erkältung. Dadurch kriegt man nicht so gut Luft, die Lunge wird nach und nach geschädigt, auch die Verdauung und andere Organe. Man ist oft krank und hat nicht viel Energie und Kraft.

Ich habe Anglistik und Amerikanistik in Kiel studiert und arbeite dort seit 2016 als wissenschaftliche Mitarbeiterin und Doktorandin. Außerdem mache ich viel Aufklärungsarbeit über Mukoviszidose und Behinderung im Netz. Ich forsche im Bereich Disability Studies ↗, und das bringt mir sehr viel, auch für mein persönliches Verständnis von Behinderung. Das hat mir geholfen zu sagen, ich habe eine chronische Erkrankung und damit auch eine Behinderung. Abgesehen davon backe ich sehr gerne ausgefallene Torten und stelle Fotos davon ins Netz (lacht).

Meine Kitazeit war eigentlich ganz normal. Ab der Schulzeit musste ich dann immer sehr früh aufstehen, um täglich vor der Schule zu inhalieren. Ich erinnere mich, dass mich in der Klasse anfangs alle anstarrten, wenn ich husten musste und den Schleim ins Waschbecken oder in ein Taschentuch gespuckt habe. Für mich war das bis dahin ganz normal, aber die anderen fanden das eklig. Das war so ein prägender Moment für mich — die finden mich jetzt alle eklig, das kann ich hier nicht so machen wie zu Hause. Eine andere

Situation, an die ich mich erinnere, ist, dass eine Lehrerin mal fand: »Ach Dorothee, du brauchst auch immer eine Extrawurst.« Es ging um die Vormittage, an denen ich ambulant ins Krankenhaus musste, um meine Lunge checken zu lassen. Ich fand die Bemerkung total unfair, ich selbst wollte ja gar nicht ins Krankenhaus. Ansonsten lief es mit den Lehrer*innen eigentlich okay. Ich hatte eher mit anderen Mitschüler*innen Probleme. Die konnten mich ziemlich gut ärgern und wütend machen. Im Nachhinein weiß ich, dass ich durch meine Krankenhauserfahrungen eine Menge Trauma mitbekommen habe. Dadurch konnte ich meine Emotionen als Kind nicht gut regulieren. Die anderen Kinder fanden das lustig, dass ich so schnell ausgerastet bin und haben mich deswegen gemobbt.

Ich war zwar gar nicht so oft stationär im Krankenhaus, aber eine Erfahrung hat bei mir deutliche Spuren hinterlassen. Da war ich so zehn oder zwölf. Es wurde mir überhaupt nicht kindgerecht erklärt, was mit mir gemacht wird und warum. Ich hatte Todesangst vor einer möglichen Operation. Auch im Krankenhaus habe ich aggressiv reagiert, bedingt durch die Angst. Ich bin dort in meiner Autonomie total verletzt worden. Zum Beispiel durch invasive Untersuchungen ohne Ankündigung. Auch als Erwachsene verliere ich manchmal noch im Krankenhaus bei Kleinigkeiten die Fassung. Erst im Nachhinein habe ich zu verstehen gelernt, dass das noch Überreste von dem Trauma als Kind sind. Meine Eltern haben wirklich alles für mich getan als Kind, aber die Ärzt*innen waren die medizinische Autorität. Das haben meine Eltern nicht hinterfragt. Und heute ist es ja auch noch so, dass ich von den Ärzt*innen abhängig bin.

Ich hätte mir damals gewünscht, dass das Wissen über Mukoviszidose verbreiteter ist. Meine Behinderung ist ja nicht sichtbar. Als Kind wünschte ich mir oft, ich hätte einen Rollstuhl oder ein Gipsbein, damit die Leute mir glauben, dass es mir gerade nicht gut geht, dass ich erschöpft bin. Gerade als Jugendliche, wo alle unendlich Energie haben. Auch wenn ich weiß, dass die Unsichtbarkeit meiner Behinderung auch viele Vorteile hat — manchmal hätte ich mir fast ein Schild gewünscht, auf dem drauf steht, was los ist.

Ich bin deswegen schon als Kind selbst zur Expertin für meinen Körper geworden. Ab der fünften, sechsten Klasse habe ich in Bio Referate über Mukoviszidose gehalten. Für mich war das empowernd.

Ich konnte zeigen, ich habe das selbst verstanden, ich brauche dafür keine nichtbehinderten Expert*innen. Es war auch in der Grundschule gut, anderen Kindern deutlich machen zu können, dass mein Husten nicht ansteckend ist. Dann war das Thema schnell erledigt. Ich finde es wichtig, dass behinderte und chronisch kranke Kinder Zugang zu kindgerechten Informationen über ihren Körper bekommen. Und dass man ihnen zuhört: Die wissen sehr gut über sich Bescheid und haben auch weniger Hemmungen darüber zu reden als die Erwachsenen. Natürlich darf man den Kindern nicht die Verantwortung dafür zuschieben, alle anderen aufzuklären. Aber wenn man Kinder als kompetente Personen mit Grenzen und Bedürfnissen wahrnehmen würde, wäre schon viel gewonnen.

Eher zufällig habe ich als Kind erfahren, dass Mukoviszidose die Lebenserwartung reduzieren kann. Ich bin dann panisch zu meiner Mutter gerannt und habe sie gefragt, ob ich jetzt sterben muss. Sie hat mir dann erklärt, dass sich die Medizin weiterentwickelt und mich damit beruhigt, dass es mir doch gerade ganz gut geht. Aber in der Pubertät hat mich das psychisch schon sehr beschäftigt und mir Angst gemacht. Mit den neuen Behandlungsmöglichkeiten wurde meine Lebenserwartung nach und nach höher geschraubt. Anfangs erwartete ich, dass ich mit 18 sterbe. Dann wurde ich 18 und dann dachte ich: »Okay, dann sterbe ich wohl mit 20.« Und so ging es eigentlich die ganze Zeit weiter. Eigentlich bis jetzt. Seit einiger Zeit bekomme ich aber ein neues Medikament, das mir glücklicherweise tatsächlich hilft, auch auf Dauer. Diese Angst und die Frage nach der Zeit hat mich aber so geprägt, dass ich jetzt auch darüber promoviere.

Gesellschaftlich muss sich einiges ändern. Wir brauchen mehr gelebte Inklusion, Offenheit, Verständnis und Empathie für behinderte und chronisch kranke Kinder. Daran fehlt es, durch diesen institutionalisierten Ableismus, in dem wir uns alle bewegen. Behinderte und chronisch kranke Kinder tragen oft ihr Extra-Päckchen an Trauma mit sich herum. Ein Verständnis dafür wäre gut, und dass man deswegen eben nicht eine »Extrawurst« braucht, sondern nur einen Nachteilsausgleich ↗, dass Unterstützung als Ausgleich verstanden wird und nicht als Bevorzugung, dass man den anderen nichts wegnimmt.

ZUSAMMENFASSUNG IN EINFACHER SPRACHE

WIE GEHT ES WEITER?

Mareice und Rebecca schreiben darüber, wie sie die Zusammenarbeit zu diesem Buch fanden und was sie gelernt haben.
Sie schreiben auch, was es für eine inklusive Gesellschaft braucht.
Durch den Kontakt mit anderen Kindern lernen Kinder sehr viel über Unterschiede und Gemeinsamkeiten von Menschen.
Wichtig ist, wie Erwachsene diesen Kontakt begleiten und zum Beispiel Unterschiede erklären.
Dieses Buch will Erwachsene bei dieser Begleitung unterstützen.
Unterschiede zwischen Menschen sind wichtig und müssen offen angesprochen werden.
Es ist aber auch wichtig, Gemeinsamkeiten sichtbar zu machen.
Gerade in der aktuellen Zeit gibt es sehr viel Druck, perfekt zu sein, viel zu können und sich immer zu verbessern.
Um Ableismus zu bekämpfen, muss man auch diese Vorstellungen hinterfragen und diesen Druck bekämpfen.

Dafür braucht es auch politische Unterstützung und nicht nur Worte.
Familien sind nie perfekt. Und in einer inklusiven Gesellschaft muss man auch das erkennen.

Text in Schwerer Sprache → Seite 149

DER RICHTIGE WEG

UND JETZT?

REBECCA MASKOS UND MAREICE KAISER

Mareice So, da sind wir wieder. Ein paar Tage später als verabredet haben wir dieses Buch abgegeben. Einiges ist dazwischen gekommen: Krankheiten, Tod, Trauer. Aber auch Alltag, Care-Arbeit und ein paar Termine, die ich vergessen habe. Wegen meiner Neurodiversität halte ich mich bei Gruppenarbeiten eigentlich immer eher zurück. Wie schlimm war es für dich, mit mir zu arbeiten? (lacht)

Rebecca Gar nicht schlimm — und so wie mit allen anderen Menschen und ihren ganz unterschiedlichen »Macken«. Neben einer Menge Spaß habe ich viel aus der Arbeit an diesem Buch mitgenommen. Zum Beispiel die Erkenntnis, dass Kinder am besten im Kontakt mit anderen Kindern etwas über menschliche Unterschiede lernen. Es ist gut, wenn ich als behinderte Erwachsene mit ihnen über Behinderung spreche — noch besser ist aber, sie wachsen von Anfang an inklusiv auf, mit behinderten Kita-Kindern und Mitschüler*innen als selbstverständlicher Teil der Gruppe. Dabei kommt es auf die Erwachsenen an: Wie sie Unterschiede erklären, welchen Umgang sie damit vorleben, daran orientieren sich die Kinder. Wenn unser Buch die Erwachsenen dabei unterstützen kann, wäre das schon mal ein guter Anfang.

Mareice Ich habe nochmal mehr gelernt, wie viele verschiedene Perspektiven und damit auch Bedürfnisse es gibt. Wenn wir uns Menschen so anschauen, ist es ja eigentlich klar, dass wir alle was anderes brauchen, weil wir alle verschieden sind. Aber ich fand es wirklich wichtig, diese Unterschiedlichkeiten mal auf den Tisch zu legen. Und zu sehen: An der einen Stelle reicht es, wenn ein Haus barrierefrei ist — und an der anderen Stelle sind alle Instrumente für mehr Inklusion da, aber es fehlt an Haltung und Offenheit.

Rebecca Auf jeden Fall. Und es braucht auch immer wieder diese Haltung, die zeigt, dass wir neben aller Unterschiedlichkeit vor allem viele Gemeinsamkeiten haben. Gerade für Kinder ist das eine wichtige Botschaft. Erst wenn wir verstehen, was wir alles mit vermeintlich »anderen« Menschen teilen, kann so etwas wie eine gelassene Normalität entstehen. Neben einer guten Haltung braucht es aber auch wirksame politische Schritte in Richtung einer ernst gemeinten Inklusion: Sie muss endlich strukturell verankert sein, nachhaltig finanziert werden, mit genug Unterstützung und Begleitung für alle, damit sie nicht nur ein Lippenbekenntnis ist.

Mareice Was mir auch aufgefallen ist, während wir an diesem Buch gearbeitet haben, vor allem bei den Themen rund um Kinder und Eltern: Wir sind umgeben von Magazinen und Bildern von *happy* Familien, Mutter und Vater, ein bis zwei Kinder, alle strahlen. Aber so, wie diese Bilder sind, ist der Familienalltag vielleicht an einem halben Tag im Jahr. Oder in einer halben Stunde. Ansonsten besteht der Alltag eigentlich nur aus enttäuschten Erwartungen: Das Kind ist nicht so, wie man es als Eltern vielleicht erwartet. Die Eltern sind nicht so, wie man es als Kind vielleicht erwartet. Mit oder ohne Behinderung, diese enttäuschten Erwartungen betreffen eigentlich alle. (lacht) Von daher könnte das ja auch ein Schritt sein, näher an Inklusion heranzukommen, oder? Erwartungsmanagement. Das frage ich dich jetzt als Psychologin, Rebecca. (lacht wieder)

Rebecca Es wäre für uns alle gut, egal ob behindert oder nicht, uns vom Zwang zur Normalität und dem verinnerlichten Ableismus zu befreien. Ja, wir sollen alles können, und am besten dabei keine Hilfe brauchen, wir sollen toll aussehen und gesellschaftlich funktionieren, wir sollen arbeits- und lernfähig sein. Doch dieses Ideal ist so unerbittlich, dass wir es nie ganz erreichen werden. Statt Behinderung, Abhängigkeit und Hilfsbedürftigkeit zu negieren, wäre es doch viel besser, wir würden sie annehmen. Und: Auch uns behinderte Menschen wird es immer geben — egal, wie viele Techniken der Pränataldiagnostik wir noch einführen. Bauen wir doch lieber eine Gesellschaft, in der alle ohne Angst und Druck dabei sein können.

Mareice Gerade jetzt ist es so wichtig, dass wir uns weiter für Inklusion und gegen Ableismus einsetzen. Denn die bereits erkämpften Rechte sind und bleiben leider nicht selbstverständlich, was wir an der aktuellen politischen Situation sehen. Gerade wurde Deutschland bei der Staatenprüfung der UN zur Umsetzung der

Behindertenrechtskonvention scharf kritisiert. Denn Inklusion wird hier nicht umgesetzt, Deutschland verstößt weiterhin gegen die UN-Behindertenrechtskonvention. Wir können uns noch so sehr persönlich, privat und in unseren Jobs engagieren, wenn die politischen und rechtlichen Strukturen sich nicht endlich ändern. Wenn wir Inklusion wollen, reicht es nicht, wenn sich Menschen mit Behinderungen und Beeinträchtigungen dafür einsetzen. Dann müssen sich alle dafür einsetzen.

GLOSSAR

ABLEISMUS Beschreibt ein Denkmuster, das der Diskriminierung von behinderten Menschen zugrunde liegt. In ihm werden Menschen danach bewertet, ob sie leistungsfähig und selbstständig sind. Das Wort leitet sich ab vom Englischen »*to be able*« — fähig sein.

ADULTISMUS Adultismus beschreibt das Macht-Ungleichgewicht zwischen Kindern und Erwachsenen. Junge Menschen werden aufgrund ihres Alters diskriminiert. Diese Diskriminierung ist so alltäglich, dass sie uns oft gar nicht auffällt. Kinder und Jugendliche werden oft nicht ernst genommen, ihre Meinungen ignoriert — einfach nur, weil sie jung sind. Es ist die erste Form von Diskriminierung, die Menschen erleben.

BEHINDERTENWERKSTATT Werkstätten für behinderte Menschen entstanden in der Nachkriegszeit zunächst als Tagesbeschäftigung für Menschen mit Lernschwierigkeiten. Mittlerweile sind dort rund 320.000 Menschen beschäftigt, darunter auch viele körperlich und psychisch beeinträchtigte Menschen. Obwohl sie in der Regel Vollzeit arbeiten, sind sie keine Arbeitnehmer*innen mit einem Arbeitsvertrag und Arbeitsrechten, sondern Teilnehmer*innen einer Rehabilitationsmaßnahme. Aufgrund des geringen Stundenlohns von durchschnittlich 1,35 € erhalten sie zusätzliche Sozialleistungen.

DISABILITY STUDIES Ein wissenschaftlicher Ansatz, der sich mit Behinderung aus einer neuen Perspektive beschäftigt: Behinderung ist ein gesellschaftliches Phänomen, kein medizinisches Problem. Das Erfahrungswissen behinderter Menschen steht im Mittelpunkt.

HANDICAP Ein alternativer Begriff für Behinderung, der im englischsprachigen Raum kaum noch genutzt wird, aber im Deutschen immer noch als Euphemismus in Mode ist. Handicap dient oft als

Ersatzbegriff, um nicht »behindert« sagen zu müssen — ein Fehler, finden viele behinderte Menschen, die einen positiven Bezug zum Wort »behindert« haben.

INKLUSIVE SPRACHE Wenn wir sprechen, haben wir die Möglichkeit, Worte zu wählen, die Menschen oder Menschengruppen nicht diskriminieren. Darum geht es bei inklusiver Sprache. Genau wie Inklusion ist sie ein Prozess. Aber es gibt schon viele Leitfäden, aus denen man lernen kann. Auch Ableismus ist Teil unserer Sprache, und wir können uns bemühen, ableistische Begriffe zu vermeiden, zum Beispiel »Wahnsinn«, »Irrsinn« oder »Idiot«. Diese Begriffe werten Menschen mit psychischen Erkrankungen oder Neurodiversität ab. Ein weiteres Beispiel ist der »blinde Fleck«, den man mit »Leerstelle« ersetzen kann.

INSPIRATION PORN Der Begriff entstand in den Disability Studies und wurde durch die Aktivistin Stella Young geprägt. Er bezeichnet Darstellungen von Leistungen behinderter Menschen, die vom Mainstream-Publikum als »bewundernswert« oder »held*innenhaft« überhöht und glorifiziert werden. Stella Young sagt, dass dies die Lebensrealität behinderter Menschen ausblendet und sie, ganz wie in der Pornographie, zum Objekt macht und ausbeutet.

INTERNALISIERTER ABLEISMUS Das ist eine Form des Ableismus, den behinderte Menschen gegen sich selbst richten. Es sind mit Selbstabwertung verbundene Denkmuster und Zuschreibungen, zum Beispiel »Ich falle anderen zur Last« oder »Ich bin es nicht wert, dass andere mir so viel helfen müssen«.

INTERSEKTIONALITÄT Menschen werden mehrfach diskriminiert. Der Begriff Intersektionalität beschreibt die Überschneidung und das Zusammenwirken von verschiedenen Diskriminierungsformen. So ist eine Schwarze Frau mit Behinderung zum Beispiel von Rassismus ↗, Ableismus ↗ und Sexismus ↗ betroffen. Die Diskriminierungen addieren sich aber nicht nur, sondern führen zu eigenen, spezifischen Diskriminierungsformen.

KLASSISMUS Klassismus beschreibt die Diskriminierung und Benachteiligung aufgrund der sozialen Herkunft. Benachteiligt und mit stereotypen Abwertungen belegt werden einkommensarme, erwerbslose, wohnungslose Menschen und Arbeiter*innenkinder. Neben Geld geht es dabei auch um kulturelles Kapital (Bücher, Musik, Kunst) und soziales Kapital (die richtigen Leute kennen, die richtigen Codes kennen).

LEICHTE SPRACHE UND EINFACHE SPRACHE Meistens ist Sprache schwierig. Damit aber so viele Menschen wie möglich alles verstehen können, gibt es Einfache Sprache und Leichte Sprache. Das kann wichtig sein für Menschen mit Lernschwierigkeiten ↗ und für alte Menschen und für Menschen, die gerade Deutsch lernen. Der Unterschied zwischen Einfacher und Leichter Sprache ist, dass es für Leichte Sprache ein Regelwerk gibt — für Einfache Sprache nicht. Leichte Sprache zeichnet sich durch kurze Hauptsätze aus und verzichtet weitgehend auf Nebensätze. Es werden bekannte Wörter verwendet und schwierige Wörter erklärt. Nach jedem Satzzeichen wird ein Absatz gemacht, Farben werden sparsam verwendet und zusätzlich zum Text werden einfache Illustrationen als Erklärbilder verwendet.

MASKING Um gesellschaftlich teilhaben zu können, kopieren Menschen aus dem Autismus-Spektrum neurotypisches Verhalten (Neurodivergenz ↗). Beim Masking geht es darum, sich der neurotypischen Norm anzupassen. Masking ist anstrengend und kann auf Dauer zu einem autistischen Burn-out führen.

MENSCHEN MIT LERNSCHWIERIGKEITEN Die Organisation Mensch zuerst e. V. schreibt auf ihrer Website: »Früher hat man uns viele Namen gegeben: Irre, Idioten, Geisteskranke oder Schwachsinnige. Diese Wörter sind sehr schlimm. Sie machen uns schlecht. Später hat man uns den Namen ›geistig Behinderte‹ gegeben. Wir finden die Wörter nicht gut. Da denken viele Menschen: Wir sind dumm. Wir können nichts lernen. Das stimmt nicht! Wir lernen anders. Wir lernen manchmal langsamer oder brauchen besondere Unterstützung. Deshalb wollen wir Menschen mit Lernschwierigkeiten genannt werden. Wir fordern: Die Wörter ›geistig behindert‹ sollen nicht mehr benutzt werden.« (Der Text wurde von uns leicht gekürzt.)

NACHTEILSAUSGLEICH Ein Begriff aus dem deutschen Sozialrecht. Gemeint sind Hilfen zum Ausgleich von behinderungsbedingten Nachteilen. Zum Beispiel finanzielle Hilfen, der Erlass von Eintrittsgebühren für Begleitpersonen oder Behindertenparkplätze. Es geht darum, gleiche Chancen zu schaffen. In der Schule gibt es beispielsweise die Möglichkeit, mehr Zeit für bestimmte Aufgaben zu bekommen, wenn man sie braucht.

NEURODIVERGENZ Der Begriff Neurodivergenz beschreibt die Vielfalt von Gehirnen. Abweichungen von der Neuro-Norm oder dem Neurotypischen werden unter Neurodivergenz oder Neurodiversität zusammengefasst. Dazu zählen zum Beispiel Autismus, ADHS oder Legasthenie. Neurodiverse Menschen brauchen manchmal eine andere Umgebung als neurotypische Menschen: zum Beispiel mehr Ruhe, weniger Reize, weniger Sozialkontakte.

RASSISMUS Rassismus ist ein Herrschaftssystem, das *weiße* Menschen erfunden haben, um die eigenen Machtansprüche zu rechtfertigen. Durch Rassismus werden Menschen zum Beispiel wegen ihrer Herkunft, ihrer äußeren Eigenschaften, ihres Namens oder ihrer Sprache ausgegrenzt, abgewertet und diskriminiert.

SEXISMUS Bezeichnet die Diskriminierung aufgrund des Geschlechts. In einer männlich dominierten Gesellschaft zeigt sich Sexismus in der Abwertung von Frauen, trans* Personen und Weiblichkeit allgemein. (Cis-)Männlichkeit wird als Norm verstanden.

UN-BRK Abkürzung für die UN-Behindertenrechtskonvention bzw. das »Übereinkommen über die Rechte von Menschen mit Behinderungen« der Vereinten Nationen (United Nations). Die UN-BRK wurde 2006 von den Vereinten Nationen verabschiedet und trat 2008 in Kraft. Sie ist kein rechtsverbindliches Gesetz, macht aber den Staaten klare Vorgaben für ein inklusives politisches und rechtliches Handeln. Die Einhaltung wird regelmäßig von der UN geprüft.

QUEER Als queer bezeichnen sich Menschen, die nicht heterosexuell sind und/oder nicht in eine zweigeschlechtliche Norm passen. Queer war ursprünglich ein Schimpfwort, wurde sich aber als Selbstbezeichnung angeeignet. Queer dient als Sammelbegriff für alle Identitäten, die nicht der heterosexuellen, zweigeschlechtlichen Norm entsprechen und kritisiert die gesellschaftliche Vorstellung von starren Kategorien von Männlichkeit vs. Weiblichkeit.

BIBLIOTHEK

Behinderung, Inklusion und Ableismus

- Archiv Behindertenbewegung: Auf dieser Website gibt es unter »Materialien« eine Menge Ressourcen der frühen deutschsprachigen Behindertenbewegung zum Thema Inklusion und Ableismus. (Online zum Download)
- Sigrid Arnade: »Ableismus erkennen und begegnen«, Interessenvertretung Selbstbestimmt Leben in Deutschland e. V.— ISL, Berlin 2016. (Online zum Download)
- Iman Attia, Swantje Köbsell, Nivedita Prasad: »Dominanzkultur Reloaded. Texte zu gesellschaftlichen Machtverhältnissen und ihren Wechselwirkungen«, transcript Verlag, Bielefeld 2015.
- Bundeszentrale für Politische Bildung: »Dossier Behinderungen« (Online zum Download)
- Theresia Degener, Elke Diehl (Hg.): »Handbuch Behindertenrechtskonvention. Teilhabe als Menschenrecht — Inklusion als gesellschaftliche Aufgabe«, Bundeszentrale für Politische Bildung, Bonn 2015. (Online zum Download)
- Anne Gersdorf, Karina Sturm: »Stoppt Ableismus. Diskriminierung erkennen und abbauen«, Rowohlt, Reinbek 2024.
- Tanja Kollodzieyski: »Ableismus«, Sukultur, Berlin 2020.
- Raúl Krauthausen: »Wer Inklusion will, findet einen Weg. Wer sie nicht will, findet Ausreden«, Rowohlt, Hamburg 2023.
- Emily Ladau: »Demystifying Disability. What to know, what to say, and how to be an ally«, Ten Speed Press, Berkeley 2021.
- Leidmedien.de: Die Website https://leidmedien.de ist ein Ratgeber für inklusive Sprache und zu Ableismus in den Medien.
- Rebecca Maskos: »Was heißt Ableism? Überlegungen zu Behinderung und bürgerlicher Gesellschaft«, in: arranca!, 43:2010. (Online zum Download)
- Mika Murstein: »I'm a queerfeminist cyborg, that's ok. Gedankensammlung zu Anti/Ableismus«, Edition Assemblage, Münster 2018.

____ Andrea Schöne: »Ableismus und Behinderung«, Unrast, Münster 2023.
____ Udo Sierck: »Budenzauber Inklusion«, AG SPAK, Neu-Ulm 2013.
____ Hannah Wahl: »Radikale Inklusion. Ein Plädoyer für Gerechtigkeit«, Leykam, Graz 2023.
____ Anne Waldschmidt: »Disability Studies zur Einführung«, Junius, Hamburg 2020.

Biographisches

____ Stefanie-Lahya Aukongo: »Kalungas Kind. Meine unglaubliche Reise ins Leben«, Rowohlt, Reinbek 2016.
____ Alina Buschmann, Luisa L'Audace: »Angry Cripples. Stimmen behinderter Menschen gegen Ableismus«, Leykam, Graz 2023.
____ Tan Caglar: »Rollt bei mir«, Ullstein, Berlin 2019.
____ Natalie Dedreux: »Mein Leben ist doch cool«, Knaur, München 2022.
____ Maximilian Dorner: »Steht auf, auch wenn Ihr es nicht könnt. Behinderung ist Rebellion«, BTB, München 2019.
____ Kirsten Ehrhardt: »Henri. Ein kleiner Junge verändert die Welt«, Heyne, München 2015.
____ Judith Heumann: »Being Heumann: An Unrepentant Memoir of a Disability Rights Activist«, Beacon Press, Boston 2020.
____ Luisa L'Audace: »Behindert und stolz. Warum meine Identität politisch ist und Ableismus uns alle etwas angeht«, Eden Books, Hamburg 2022.
____ Eliah Lüthi (Hg.): »BeHindert & verRückt Worte_Gebärden_ Bilder finden«, Edition Assemblage, Münster 2020. (Audios und Gebärdensprachvideos online zum Download)
____ Laura Gehlhaar: »Kann man da noch was machen?«, Heyne, München 2016.
____ Alexander Görsdorf: »Taube Nuss. Nichtgehörtes aus dem Leben eines Schwerhörigen«, Rowohlt, Reinbek 2013.
____ Riva Lehrer: »Golem Girl. A Memoir«, Oneworld Publications, London 2020.

— Thomas Rattay & Jugendnetzwerk Lambda (Hg.): »Volle Fahrt voraus. Schwule und Lesben mit Behinderung«, Querverlag, Berlin 2007.
— Sebastian Urbanski: »Am liebsten bin ich Hamlet. Mit dem Downsyndrom mitten im Leben«, Fischer, Frankfurt a. M. 2015.
— Alice Wong: »Disability Visibility. First-Person Stories from Twenty First Century«, Random House LCC US, New York 2020.

Kinder, Eltern & Behinderung

— Ninia LaGrande: »Von mir hat er das nicht!«, Blaulichtverlag, Helmstedt 2019.
— Mareice Kaiser: »Alles inklusive. Aus dem Leben mit meiner behinderten Tochter«, Fischer, Frankfurt a. M. 2016.
— Sandra Roth: »Lotta Wundertüte. Unser Leben mit Bobbycar und Rollstuhl«, Fischer, Frankfurt a. M. 2015.
— Fabien Toulmé: »Dich hatte ich mir anders vorgestellt«, Avant, Berlin 2015.
— Udo Sierck: »Das Risiko, nichtbehinderte Eltern zu bekommen«, AG SPAK, München 1989. (Online abrufbar im »Archiv Behindertenbewegung«)
— Bárbara Zimmermann: »Bewunderung und Mitleid. Was sich Eltern behinderter Kinder wirklich wünschen«, in: Die Neue Norm, 09.02.2021. (Online zum Download)

Menschen, die die Behindertenbewegung prägten

— James LeBrecht, Nicole Newham: »Crip Camp. A Disablity Revolution«, Netflix, USA 2020. (Online zum Streamen)
— Franz Christoph: »Vor 39 Jahren. Krückenschläge gegen den Bundespräsidenten«, in: Kobinet Nachrichten, von Ottmar

Miles-Paul, 18.06.2020. (Online zum Streamen)

- Theresia Degener: »Rede — Disability and Mad Pride Berlin 2013«, Deutschland 2013. (Online zum Streamen)
- Haben Girma: »200 Years, Countless Stories«, Harvard Law School, USA 2018. (Online zum Streamen)
- Swantje Köbsell: »Behinderung und Diskriminierung. Der Protest der Bremer Krüppelgruppe«, Zeit Online, Deutschland 2019. (Online zum Streamen)
- Mike Oliver: »Disabled Students Campaign — Social Model of Disability with Mike Oliver«, National Union of Students UK, Vereinigtes Königreich 2018. (Online zum Streamen)
- Dinah Radtke: »Zeitzeugen-Video Teil 7. Dinah Radtke«, Bifos e. V., Deutschland 2018. (Online zum Streamen)
- Stella Young: »Nein danke: Ich bin nicht Ihre Inspiration.« TED Talk, Australien, 2014. (Online zum Streamen)

Inklusion in der Kita

- Fachstelle Kinderwelten für Vorurteilsbewusste Bildung und Erziehung im Institut für den Situationsansatz (ISTA): »Der Ansatz der vorurteilsbewussten Bildung und Erziehung in Kitas« (Online zum Download)
- Gewerkschaft für Erziehung und Wissenschaft (Hg.): »Index für Inklusion in Kindertageseinrichtungen. Gemeinsam leben, spielen und lernen«, Frankfurt a. M. 2015. (Online zum Download)
- Annedore Prengel: »Inklusion in der Frühpädagogik. Bildungstheoretische, empirische und pädagogische Grundlagen«, in: Weiterbildungsinitiative Frühpädagogische Fachkräfte. Expertisen, 5:2, 2014.
- Simone Seitz, Caroline Ali-Tani, Nina-Kathrin Joyce-Finnern: »Inklusion in Kitas. Grundlagen und Schlüsselthemen«, Beltz, Weinheim 2022.
- Petra Wagner (Hg.): »Handbuch Inklusion — Grundlagen vorurteilsbewusster Bildung und Erziehung«, Verlag Herder, Freiburg im Breisgau 2022.

Inklusive Schule

- Ines Boban, Andreas Hinz (Hg.): »Inklusion und Partizipation in Schule und Gesellschaft«, Beltz, Weinheim 2020.
- Tony Booth, Mel Ainscow: »Index für Inklusion. Ein Leitfaden für Schulentwicklung. Mit Online-Materialien. Auch für Kindergärten, Hochschulen und andere Bildungseinrichtungen übertragbar«, Beltz, Weinheim 2017.
- Inklusionsfakten.de: Auf der Website hat die Pädagogin Lisa Reimann eine Reihe von Studien und Argumentationen für ein inklusives Schulsystem gesammelt. (Online zum Download)
- Bettina Krück: »Inklusionsakademie«, Online-Ressourcen und Weiterbildung zu Inklusion in der Schule. (Online zum Download)
- Nico Leonhardt, Anne Goldbach, Lucia Staib, Saskia Schuppener: »Macht in der Schule. Wissen, Sichtweisen, Erfahrungen. Texte in Leichter Sprache, Einfacher Sprache und Fachsprache«, Klinkhardt, Bad Heilbrunn 2023. (Online zum Download)
- Kersten Reich (Hg.): »Inklusion und Bildungsgerechtigkeit. Standards und Regeln zur Umsetzung einer inklusiven Schule«, Beltz, Weinheim 2012.
- Sandra Roth: »Lotta Schultüte. Mit dem Rollstuhl ins Klassenzimmer«, KiWi, Köln 2018.

Alle Links zu den Onlinequellen findet ihr hier

Anlauf- und Beratungsstellen

- Antidiskriminierungsstelle des Bundes
- Beratungsstelle »KIDS – Kinder vor Diskriminierung schützen«
- Bundesverband behinderter und chronisch kranker Eltern e. V.
- Einfach teilhaben. Wegweiser zum Leben mit Behinderung des Bundesministeriums für Arbeit und Soziales

- Eltern beraten Eltern e. V.
- Ergänzende unabhängige Teilhabeberatung (EUTB) — Beratungsstellen in ganz Deutschland
- Familienratgeber der Aktion Mensch. Infos für Menschen mit Behinderung und deren Angehörige
- Interessenvertretung Selbstbestimmt Leben Deutschland e. V. (ISL) — Zentren für Selbstbestimmtes Leben
- Mina-Leben in Vielfalt e. V.
- Mittendrin leben e. V.
- Netzwerk Artikel 3 e. V. (Hg.): »Schattenübersetzung. Übereinkommen über die Rechte von Menschen mit Behinderungen.« (Online zum Download)

Alle Links zu den Anlaufstellen findet ihr hier

Empfehlungen für Social-Media-Kanäle

Andrea Corinna Schöne	@SchoeneAndrea
Angelina Börger	@kirmesimkopf
Annton Beate Schmidt	@tinyfishbowl
Arthur Hackenthal	@alltagmitdownsyndrom
Ash Rasper	@ashducation
Christiane Link	@christiane
Chronic Mum	@ChronicMum
Constantin Grosch	@conny_flix
Daniel Horneber	@DHorneber
Daniela Schreiter	@Fuchskind
Dorothee Marx	@Dori_Kiel
Ed Greve	@edwin.greve
Edith Arnold	@EdithRaphaela
Eine Schule für Alle in Bayern e. V.	@schule_neu_denken
Elke	@Elkernzeit

Eszter Jakab	@polyeszterbindung
Frank Cordes	@Frankyman
Gudrun Kellermann	@gud_kel
Heiko Kunert	@HeikoKunert
Inge Rosenberger	@IngeRosenberger
Initiative Barrierefrei Feiern	@initiativebarrierefreifeiern
Janina Nagel	@janina_nagel_
Jasmin Dickerson	@jasmintaschannadickerson
Ju Hahn	@gockeldileldu
Julia Probst	@EinAugenschmaus
Kaiserinnenreich Blog	@kaiserinnenreich_blog
Karin Cordes-Zabel	@ZauberBaerin
Katheterkarambolage	@Kathetbolage
Katrin Aimee	@wayofkatrin
Katrin Langensiepen	@k_langensiepen
Kirsten Ehrhardt und Kirsten Jakob	@KirstenKirsten
Kübra Sekin	@iamkubra_
La Que Tira Con Turrón	@audifono81
Lela Finkbeiner	@LelaFinkbeiner
Lena Cornelissen	@cornelissenlena
Luisa L'Audace	@luisalaudace
Lydia Zoubek	@lydiazoubek
Mela Eckenfels	@Felicea
Melanie Eilert	@MellyMaeh
Michel Arriens	@RollerUndIch
MITTENDRIN leben e.V.	@mittendrin.leben
Natalie Dedreux	@natalie.dedreux
Ninia LaGrande	@ninialagrande
Raúl Krauthausen	@raul
Sarah Atlantik	@SarahAtlantik
Sandra Olbrich	@SandraOlbrich
Shoshana Wegfraß	@autism_adhd_cluster
Sozialheld*innen	@sozialhelden
Special Edition Studio	@specialedition_studio
Stefanie-Lahya Aukongo	@lahya_aukongo
Summer L. Bailey	@inspiringmuse
Tanja Kollodzieyski	@rollifraeulein

ALLE MITWIRKENDEN

MAREICE KAISER
Autorin

REBECCA MASKOS
Autorin

NINA-KATHRIN JOYCE-FINNERN
Autorin

JUDY GUMMICH
Autorin

RAÚL KRAUTHAUSEN
Interviewpartner

LISA SCHMIDT
Programmleiterin

ADINA HERMANN
Interviewpartnerin

BÁRBARA ZIMMERMANN
Autorin

TANJA KOLLODZIEYSKI
Porträt

CLAUDIA NIKSCHTAT
Korrektorat

TINA SANDER
Autorin

SLINGA
Illustratorin

DIMITRIS KOCH
Porträt

MAX HILLENZEDER
Illustrator

YVONN BARTH
Verlegerin

ANNIKA PAETSCH
Grafikerin

KÜBRA SEKIN
Porträt

STEFANIE-LAHYA AUKONGO
Porträt

HEIKO KUNERT
Porträt

KATRIN AIMEE
Porträt

KAI LOGARIĆ
Porträt

NATALIE DEDREUX
Porträt

ED GREVE
Porträt

SHOSHANA WEGFRAẞ
Porträt

DOROTHEE MARX
Porträt

NINIA LAGRANDE
Porträt

BEATE SCHLOTHAUER
Einfache Sprache

SO MACKERT
Einfache Sprache

LUCIA STAIB
Einfache Sprache

NICO LEONHARDT
Einfache Sprache

MARIE VON DEM BERGE
Verlegerin

ARTHUR HACKENTHAL
Porträt

SEBASTIAN WENZEL
Einfache Sprache

ANNE GOLDBACH
Einfache Sprache

KATRIN MÖNCH
Redaktionsleiterin

BLU

MEIN WORKBOOK ZU RASSISMUS

Für eine alltägliche und tiefgehende Auseinandersetzung

Autor*in / Josephine Apraku

Gestaltung / Studio Amanda Haas

ISBN 978-3-9823681-2-2

WIE ERKLÄRE ICH KINDERN RASSISMUS?

Rassismussensible Begleitung und Empowerment von klein auf
Autor*in / Josephine Apraku
Illustration / Le Hong
ISBN 978-3-9823681-0-8

MÄDCHEN, JUNGE, KIND

Geschlechtersensible Begleitung und Empowerment von klein auf
Autorin / Daniela Thörner
Illustration / Slinga
ISBN 978-3-9823681-1-5

IMPRESSUM

»Bist du behindert, oder was?«
Kinder inklusiv stärken und ableismussensibel begleiten
3. Auflage, Mai 2026
ISBN 978-3-9823681-3-9

Autorinnen *Rebecca Maskos, Mareice Kaiser*

Illustration *Slinga, Max Hillerzeder*

Expert*innenbeiträge *Adina Hermann, Bárbara Zimmermann, Judy Gummich, Nina-Kathrin Joyce-Finnern, Raúl Krauthausen, Tina Sander*

Porträts *Arthur Hackenthal, Dimitris Koch, Dorothee Marx, Ed Greve, Heiko Kunert, Kai Logarić, Katrin Aimee, Kübra Sekin, Natalie Dedreux, Ninia LaGrande, Shoshana Wegfraß, Stefanie-Lahya Aukongo, Tanja Kollodzieyski*

Zusammenfassungen in Einfacher Sprache *Anne Goldbach, Beate Schlothauer, Lucia Staib, Nico Leonhardt, Sebastian Wenzel, So Mackert vom Projekt QuaBIS*

Verlegerinnen *Yvonn Barth, Marie von dem Berge*

Verlag *Familiar Faces Verlag, Y. Barth u. M. v. d. Berge GbR, Wienerstraße 35, 10999 Berlin @familiarfaces.de*

Programmleitung + Redaktion *Lisa Schmidt*

Redaktionsleitung *Katrin Mönch*

Korrektorat *Claudia Nikschtat, Monika Halbinger*

Gestaltung + Satz *Yvonn Barth, Annika Paetsch*

Druckerei *Druckhaus Sportflieger, Berlin*

Papier *Lano Offset — FSC®-zertifiziert, EU Ecolabel*

Schrift *Frutiger Neue 1450 — Einfache Sprache (barrierefreies Lesen nach DIN 1450), Haptik von Grilli Type — Schwere Sprache*

Druckprodukt mit finanziellem
Klimabeitrag
ClimatePartner.com/10884-2605-1002

Made with love in Berlin

umweltschonende Produktion